Takamasa Yosizaka＋Atelier U ｜ 吉阪隆正＋U研究室

A leaf becomes an umbrella
:Public place

葉っぱは傘に——公共の場所

写真｜北田英治
編著｜齊藤祐子
Photographed by Eiji Kitada
Edited by Yuko Saito

江津市庁舎 1994年8月撮影

江津市庁舎 執務棟を橋の構造で高く架けたピロティの市民広場と、デンデンムシと呼ばれるまわり階段とブリッジ 2021年撮影

雨が降ってきた
バナナの葉を一枚もいで頭にかざした
雨のかからない空間ができた
バナナの葉は水にぬれて緑にさえている
パラパラと雨のあたる音がひびく
この光とこの音の下に居る者は雨には当たらない
この葉をさして歩くと 葉先がゆれる
ゆれるたびにトトトと葉の上の水が落ちる
相当な雨らしい

新しい空間とは、こんな風にしてできるのだ。おそらくこれ以外の方法で、新しい空間は生まれない。葉っぱは傘になり、傘は屋根になり、屋根は住居になって、それからまた、諸々の公共の場所にもなっていった。

吉阪隆正
『近代建築』1959年8月
『吉阪隆正集 7』再録

はじめに

　「葉っぱは傘に…」は、1959年〈海星学園〉竣工時「新しい空間」と題して雑誌に発表した吉阪の言葉である。初源に遡り、常識にとらわれないものの見方を常に提案していた吉阪の建築へ向き合う姿勢がしっかりと伝わってくる。

　フランスから帰国した吉阪隆正は、人工土地の〈吉阪自邸〉を設計。1954年に設計アトリエ「吉阪研究室」を早稲田大学構内に開設。その後1961年に新宿百人町の自邸にアトリエを移設、1964年、法人組織「U研究室」に改組した。

　吉阪がアルゼンチン、ツクマン大学で教鞭をとるために家族とともに日本を離れた1961年を大きな節目に「蝶ネクタイの建築家から、ノーネクタイのお髭のセンセイへ」と、西欧から中南米、アジアへと活動をひろげる二つの時代に分けることができる。

　50年代、創設メンバーは生涯のパートナーであった大竹十一、そして城内哲彦、滝澤健児、松崎義徳の5名。住宅の設計から、〈ベネチア・ビエンナーレ日本館〉そして〈海星学園〉〈呉羽中学校〉〈南山小学校〉〈日仏会館〉〈江津市庁舎〉〈アテネ・フランセ〉と、学校建築から庁舎まで、短期間に集中して公共施設の設計に取り組んだ。大学院生の戸沼幸市、鈴木恂、沖田裕生らが設計に参加。「不連続統一体」を提唱し、1959年〈コンゴ・レオポルドビル文化センター〉の国際設計競技に入賞する。吉阪も積極的に設計に取り組みながら、赤道アフリカ、北米大陸横断と海外を飛びまわる、探検の時代でもあった。

　60年代、アルゼンチンから帰国後「有形学」を提唱。アトリエは人数も増えていき、建築は大地との関係を強く表現するようになる。また、都市計画へと活動の領域は広がっていく。

　本書では、節目となる1960年までに設計した〈江津市庁舎〉と〈アテネ・フランセ〉を中心に、学校建築とコンゴの設計競技をまとめている。学校教育の新たな制度への提案と、町村合併による新庁舎の建設を、手探りの中で、建築主と施工者と設計者がひとつの夢を建築の形として実現した。時代の要望とモダニズム建築の役割が重なり、社会も暮らしも大きく変わっていく。転換期を生きた歴史の証として、時代表現の一つである建築を見直していきたい。

2021年5月
齊藤祐子

目次

写真・構成｜北田英治

解説・キャプション｜齊藤祐子

◀左頁　アテネ・フランセ　1997年撮影

凡例

図面名称
縮尺｜製作年月日｜製図者　＊サインのない図面｜
素材・技法｜大きさ［mm、縦×横］｜原図縮小率　％｜
所蔵者：＊＊のほかは、文化庁国立近現代建築資料館所蔵
※サイズなど不明なものは「-」と表記

※各作品の番号は、創設年1954年を0として設計を始
めた年と順番を示す、全作品につけられた作品番号。
例：501江津市庁舎は1959年1番目に設計を始めた
作品。例外として、101吉阪自邸は竣工年。
※作品解説文：記名なき文章の文責は、U研究室

501

江津市庁舎

島根県江津市｜PS＋RC造5階、一部9階｜4,122,831 m²｜
1959年 設計、1962年 竣工

[右] 山陰本線より、朝日をうける丘の上
の市庁舎 1994年撮影
▶ 右頁 西からは国道9号線の正面に市
庁舎を見ることができる、ピロティの市
民広場へのアプローチ 1994年撮影

市民との構造的接触

吉阪隆正

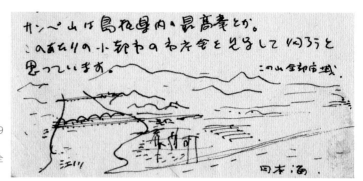

吉阪のハガキより、1959年8月11日***
「江川、日本海、この山全域」のメモ

　ブロック・プランを練ってまとめている頃には、いろいろな考えが皆渾然一体となって作用していた。それをどんな順序でどうやって今の形になったかを説明するのかは難しいことだ。説明するとなるとわかり易くするために、割り切った表現をしなければならないからである。構想がまとまっていく時には、そんな割り切った姿を呈さないのが真実だし、また逆にいえば、割り切ってまとめたものはいやらしくて、片手おちになることが多いのだ。

　町村合併でできた江津市は、市城内に市街地よりは山村田畑のほうが多い。市街地は小さないくつかの集団をなしてこの中に散在している。新市庁舎の敷地はこうした市域のほぼ中央に選ばれ、縦貫する国道の傍に決定された、そこは松の生い繁った小山を背にした公園のような所である。柿本人麻呂の頃から歴史のある江川を見下ろせるような高台だ。そしてまた、この市の大きな財源である山林を南に、その加工を扱う山陽パルプの工場を北に控えた地点でもある。

　人口およそ3万、島根県のほぼ中央に位置し、中国山脈をへだて、広島を背中合わせの所にある。しかし広島との連絡は、鉄道も道路もまだ十分便利になって

いないが、この交通連絡ができた暁には、活発に動き出すだろうと考えられる。市庁舎もその可能性を一応考慮に入れて企画されたのであった。

　市では新築を機会に、事務能率の抜本的な改善も考え、とくに市民との接触を簡便な姿にしたいと願っていた。窓口一つで一切の用が足りるという理想を掲げて、内容を編成することが研究されていた。執行部の各課や議会関係へもいちいち足を運ばなくても事が済むようにと、敷地はかなり凸凹のある段丘で、高いところはほとんど岩盤といってよい硬い地質だが、低い方は全く砂地といってよい。ところがここは、日本海からの強風が西北方から吹いて来るので、建物の軸線はこの敷地の高低差の多い方向、等高線を切るような方向に置くのがよいのだ。

　一方、事務処理の円滑を考えると、なるべく階段にたよらない同一階にそろえる方向がよい。これはどうしても敷地の高低とは矛盾する。

　結果的には、執行部を大スパンのP・Sの橋の上にのせ、不同沈下の影響が少ないように脚の数を減らし、議会側を岩山の上に置き、消防をそれに隣接させることになった。そして、理想として描かれた市民の

ための場が、この両者を結ぶ位置に大スパンの下の市民広場に面してつくられたのである。

　この建物には、単に機能上うまくいくようにという外に、ぜひ象徴としての姿をも加えて欲しいというのが、はじめからの要求であった。大胆に行動できるような執行部、慎重に審議する議会、敏速に出動する構えの消防、そして楽しくつどえる市民の広場。江津市の将来の夢を描き、発展に寄与したくなるようなものといってもよかろう。

　構造の上でも、形の上でも、そして色彩の上でも、予算の許す限りにこのことはいつも考えられてきた。いま過去を思いなおしてみると、市側も業者側も実によく、一致して良くしようと努力して来たことがまず浮かんでくる。

　そしてもう一つ嬉しいことは、あだ名がつけられたことだ。これは愛する心の発露だと、私はいいように解釈している。市民が愛してくれるなら、市庁舎の使命は半ば達せられたというべきではないだろうか。

『建築文化』1962年5月　『吉阪隆正集 7』再録

設計の記録

※ 記録は吉阪の手紙、日記、市の記録と江津市の担当だった坂根正夫氏のヒアリング（2014年10月18日）を構成／編註

1959年8月8日 最初の江津訪問／吉阪ハガキ***

大阪を過ぎる頃から颱風の雨、トンネルと雨で窓外の景色は見えず、しかし、予定の時間に江津着。直ちに当ホテルへ。市長、市議松田氏などのおられる所へ、山田氏の案内で。夕食を共にしながら先ず雰囲気を、フィリピンで中隊長だった市長の話など。

9日 日曜を幸に、朝は敷地見学（雨の中）市長、助役、建設課の方々を交えて細部の打合せ。午后市内江川（ゴーカワ）沿いを見学、ドライブ、有馬温泉、樋口へ一泊。

10日 午前中こちらの答申案を少し考えて市役所へ。更に細部打合せ。午后山陽パルプ見学、同所でアフリカのスライド解説。山岳部長滝沢院長と会食。

11日 市役所へ挨拶。残りの資料を貰い、もう一度一人で現地の周囲を調査。ここ郵便局に至る。これから山パルさんの御案内でサンペ山の寮へ。サンペ山は島根県内の最高峰とか。このあたりの小都市の市庁舎を見学して帰ろうと思っています。

富久子殿 8月11日 江津福間ホテルにて

線路を挟んで、山側に旧集落の歴史のまち、海側に新しいまちがひろがり、二つが接する場所を選んでいる。吉阪氏は最初に敷地を見に来て、山側と海側の二つの地盤に分けて、二棟を建てることを提案した。山側と海側それぞれに入口を設けた。／坂根

8月29日 江津ブロック打合せ、ブリッジ型どうやら行けそうだ！ これは愉快だ

9月10日 終日大学にて、江津の検討、涸沢をまとめる

9月11日 大学に戻り江津の案決定、第1案

10月26日 午后江津市長 千代延氏と秘書坂根正夫氏来られ、打合せあり／吉阪日記

何度か市長と一緒に東京の早稲田大学の研究室に行って打合せをした。図面は大竹十一さん、現場は松崎義徳さん、細かな部分は坂根にまかされた。／坂根

1959年11月 江津打合せ

1960年1月 設計契約

1960年1月30日 千代延市長殿／吉阪手紙***

赤線、市民の動線、青線、吏員、議員の動線。この案ならばピロチ部が塞がれず、丸子山の自然も十分に生かされると思いますし、吏員と市民の接触も円滑に且交錯せずに行くのではないかと存じます。二月末までにはなんとかまとめる覚悟で居ります。

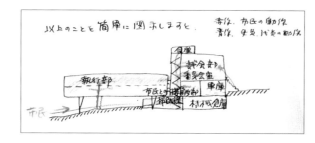

3、4、8、10月、1961年1、2月 現場説明、**3月** 入札と江津に通い、仕上、見積調整については詳細な手紙で打合せをして設計を進めていった。

1961年3月 着工

1962年3月 竣工

[上] 塔屋屋上から鉄道、山陽パルプ（現日本製紙）と工場群、工事中の国道9号線、日本海と江の川を望む [中] 落成式の準備が進む、南西外観 [下] 2階執務室のカウンター
1962年3月撮影：吉阪研究室（後にU研究室と改組）**

はじめ、この建物は左の透視図のような4本の柱に支えられた、鋼棒使用の現場打ポストテンショニング式コンクリートで計画された。そしてその鋼棒は1本1本小鼓の紐のように張られゲージが取りつけられ測定されながら1週間ごとに引きしめられるといったものだった。工費の点でその後、右の透視図の案に変更することになった。これは二又になった剛な柱と、もう一方のピン接合の2枚柱とによって支えられた、フレシネー式（ピアン線）現場打ポストテンショニングのPSコンクリート（T形梁式）である。

『建築』1961年5月

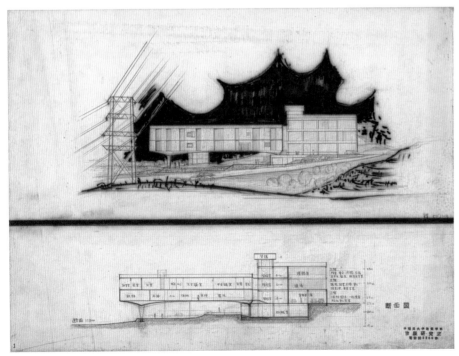

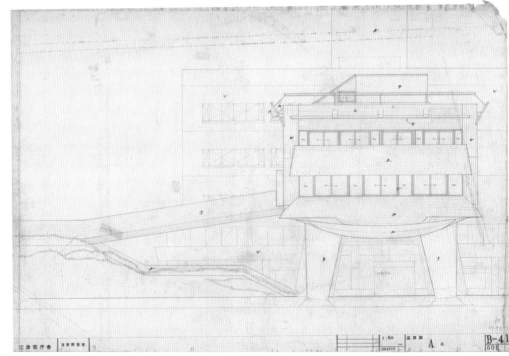

◀左頁

[上] **第一案の外観透視図（部分）** -｜-｜鈴木 恂*｜トレーシングペーパー・鉛筆・インク｜A2［429×611］｜26%｜**『建築』1961年5月

[下左] **西立面図、南北断面図** 縮尺1:300｜-｜-｜トレーシングペーパー・鉛筆・インク｜A2［401×540］｜22%

[下右] **立面図A北** 縮尺1:50｜1960年12月26日｜-｜トレーシングペーパー・鉛筆・インク｜A1［524×774］｜22%

[右上] **実施案外観透視図**
-｜-｜-｜トレーシングペーパー・鉛筆・インク｜A2［383×552］｜24%**『建築』1961年5月初出

[左下] **配置図 1階ピロティ、2階**
縮尺1:150｜1961年10月25日｜松崎義徳｜トレーシングペーパー・鉛筆・色鉛筆・インク｜A0［832×1200］｜10%

[右下] **立面図 西**
縮尺1:200｜1962年3月3日｜松崎義徳｜トレーシングペーパー・鉛筆・色鉛筆・インク｜A2［378×535］｜23%

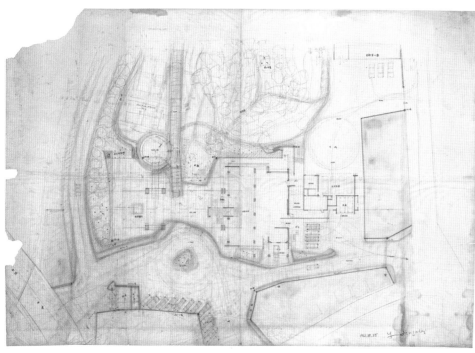

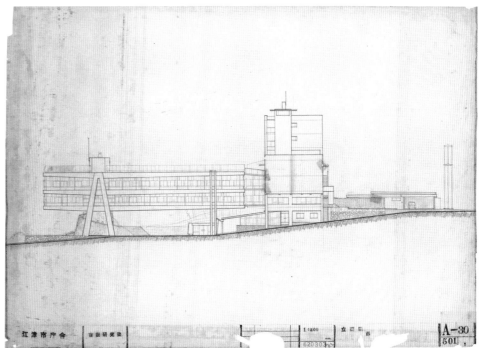

歴史的建物群と
モダニズム建築、
江津市庁舎

[左上]天領江津本町甍街道、石
州瓦の家並みと三江線 2018
年3月撮影
[左下]山邊神社参道前の藤田家
[右上]明治の旧郵便局と山陰道
[右下]工都江津、あけぼの通り
の看板建築と山陽パルプ（現日
本製紙）工場

天領江津本町から工都江津へ

　私が江津市を初めて訪れたのは、1994年の夏。国道
9号線を西へ西へと向かう。江の川の海側に工場群の
煙突。橋を渡ると江津市庁舎が高台にその姿を見せ
る。島根県の中央に位置する江津市に、地域のシンボ
ルとなる市庁舎を設計したのは吉阪隆正とU研究室
（旧 吉阪研究室）。構造設計は蛭田捨太郎、海側のA棟
は土木の神山一が監修して、1959年に設計を始め、
1962年に竣工した。

　島根県江津市は、山陰道と江の川の海運で栄えた山
側の歴史的地域と鉄道開通と共に工場群と商店街が賑
わう海側の工都の顔をもつ。江戸時代には北前船の寄
港地となり、江の川左岸の本町は石見銀山領の天領と
して繁栄。石州瓦の伝統建築群の美しいまちなみ、明
治時代の木造郵便局と大正時代の旧市庁舎など、歴史
を重ねた伝統的な景観が遺されている。また、海側の
新市街には、伝統建築と並んで、昭和モダニズムの駅
舎、看板建築が現代へと歴史をつないでいく。石州瓦
のまちなみと歴史的な建築群の時間の奥行きは圧倒的
だ。江戸時代から戦後昭和のモダニズム建築まで、現
代に生き続ける様々な時代の質の高い建築遺産に触れ
ることができる希有な地域である。

ピロティの市民広場を実現した構造

　吉阪は市庁舎を「**市民のためのものであることが第
一でなければならない**」*1 と考えた。山側の歴史的集落
と海側にひろがる新市街の間、丸子山に隣接する敷地
に、山側と海側の二方向の入口をつくり、二つの地域
をつなぐ提案をしている。そして、市民広場と連続す
る市民窓口を計画した。当時は、金銭を扱かう出納課
を1階に持ってくるのに苦労したという。

　橋梁技術で執務棟を地上6mに橋のように架けた構
造で、逆V字の柱で支持された1階ピロティにつくっ
た、松林の公園につながる650㎡余りの市民広場は
開放的だ。土木的な組み立てのピロティでありなが
ら、不思議と威圧感のないスケールが心地よい。吉阪
のピロティ空間の特性といえる。

市民の寄付と市民の庁舎

　1962年3月、落成日の新聞記事によると「全市あげ
てお祝い」と、約1万人の市民が祝福した町中の賑わ
いが記されている。また、屋外で行われた祝賀会で突
然みぞれが降ってきて、人々が一斉にピロティの中に
入り、そのまま集う様子が、ピロティの市民広場の印
象的な写真として残されている。（註18頁）

　そして、庁舎建設費約1億5000万円の一部3000万
円を市民が寄付によって支えた事実は、庁舎の建物が
文字通り市民の財産であると語っているはずだ。

地域の色、形、素材、ディテール

　石州瓦のまちなみ、風景、赤土の山肌を写した、庁
舎外観の色。人の動きを考えて塗り分けた室内壁の

［上左］**1階 平面図**｜縮尺1:200｜1961年5月2日｜城内哲彦｜トレーシ
ングペーパー・鉛筆・インク｜A2［424×598］｜13%** DISCONT

［上右］**2階 平面図**｜縮尺1:200｜1961年5月2日｜城内哲彦｜トレーシ
ングペーパー・鉛筆・インク｜A2［372×522］｜15%

［下左］**3階 平面図**｜縮尺1:200｜1961年5月2日｜城内哲彦｜トレーシ
ングペーパー・鉛筆・インク｜A2［422×597］｜13%** DISCONT

［下右］**5、6、7、8階 平面図**｜縮尺1:200｜1961年4月27日｜戸沼幸市｜
トレーシングペーパー・鉛筆・インク｜A2［382×523］｜14%

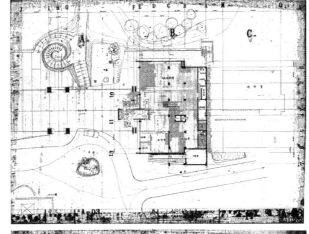

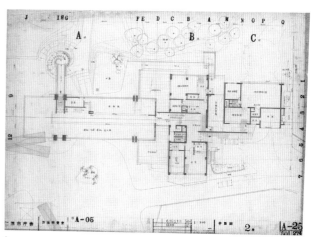

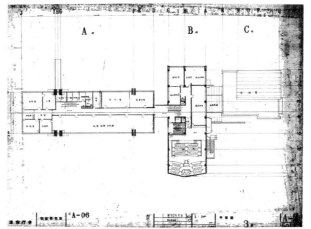

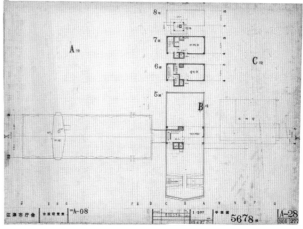

色。強い印象に残る巨大ともいえる木製の階段手摺、議場の渦巻き模様の建具押手、真鍮の階数表示の数字サイン、建具の枠などは、縮尺1分の1、現寸で考え原寸図でエスキスして製作した。手で触れ、心に触れる形を考えた。その後のディテールの原点といえる。

　床と壁をつなぐ巾木も工夫する。3階では間仕切り壁を浮かして巾木をつけずに中廊下に光を入れる。

　直角、垂直は特殊解である。巾木も枠も人の動きや、空間のつながり、力の関係を形にすると面は斜めに動き出す。タイル貼りの壁も既製品でコストを抑え、大小のサイズを組み合わせてリズムをつくる工夫をする

　石州瓦の巾木、瓦タイルの床、窯の材料で製作した壁レリーフ、解体した窯の煉瓦を積んで仕上げた壁。地場の素材がここにしかない表情を主張する。

地域のシンボルを市民の場所へ

　まっすぐに西に延びる国道9号線からは、正面に市庁舎が夕陽に映える姿を見せてきた。東からは駅を降りると、庁舎は高台で出迎える。江津市はここだと示すシンボル。そして、庁舎の屋上から眺めた海に沈む夕陽の輝きは、一度出会ったら忘れることのできない風景である。

　落成の日に渦巻の階段は〈デンデンムシ〉と呼ばれ市民に愛されたと、吉阪は記している。半世紀を超える、江津市の記憶を、世代を越えて未来へと伝えることは、建築の大切な役割のひとつだ。そろそろ、歴史を重ねた建物を引き継いで未来へ引き渡すことが、当たり前の経済活動として受け入れられる価値観と公共性を再考したい。

　2021年5月、市庁舎は今まさに一つの役割を終えようとしている。市街を見渡すことができるこの場所を、今度は市民が過ごす、新たな活動の拠点へと再利用を切に望む。半世紀を経て、本当に市民の建築が、地層のように時代を重ねてきた歴史的建築群の文化的資産の一つとして、建築の未来の時間を見通していきたい。

齊藤祐子

〈DISCONT LIVE 江津2021　吉阪隆正＋U研究室展〉2021年3月
加筆 2021年5月

note
*1 『新建築』1962年5月

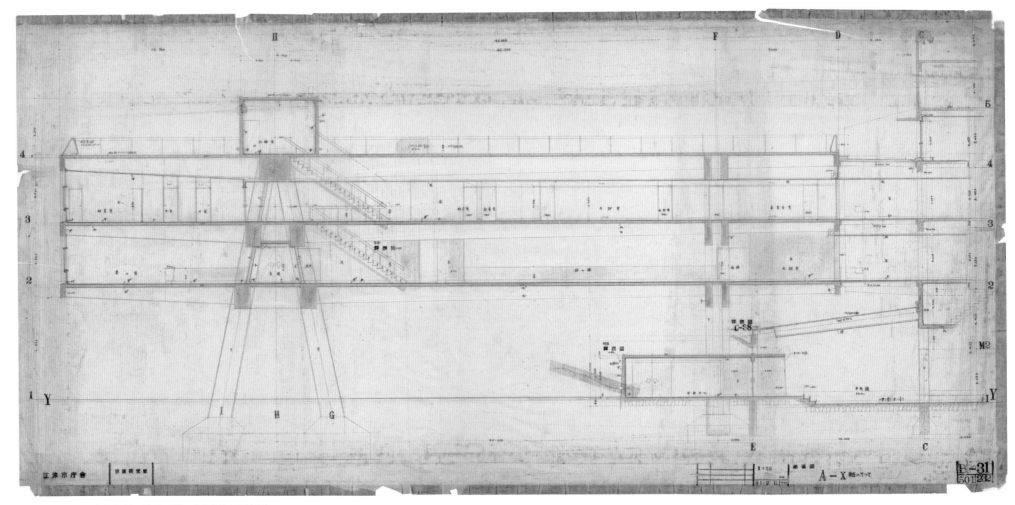

橋の構造で空中高く架けた2、3階の執務空間と1階の市
民広場、市民窓口

断面図A-X軸にそって
1:50 ｜ 1961年2月11日 ｜ 松崎義徳 ｜ トレーシング
ペーパー・鉛筆・インク ｜ A0変型［547×1155］｜ 23%

▶右頁［左上］ブリッジ、スロープ手摺詳細
断面スケッチ
- ｜ - ｜ 松崎義徳 * ｜ トレーシングペーパー・鉛筆・色鉛筆 ｜ -
［左下］ブリッジへの渦巻き階段は自然石の野面積み
台地変更2平面図、断面図
1:50 ｜ 1962年2月* ｜ 松崎義徳* ｜ トレーシングペーパー・鉛
筆・色鉛筆 ｜ A2［401×551］｜ 23%
［右］木製建具詳細
A棟 矩計 既存建物 断面図、透視図
1:20 ｜ 1962年1月7日 ｜ 松崎義徳 ｜ トレーシングペーパー・
鉛筆・インク ｜ A2［386×534］｜ 35%

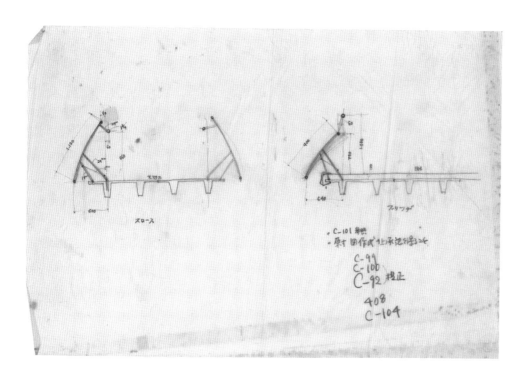

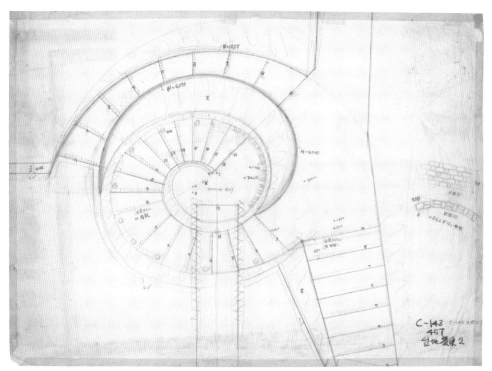

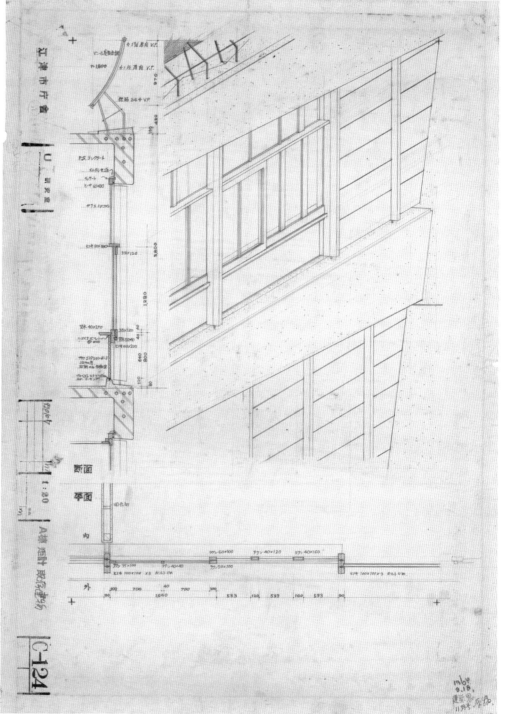

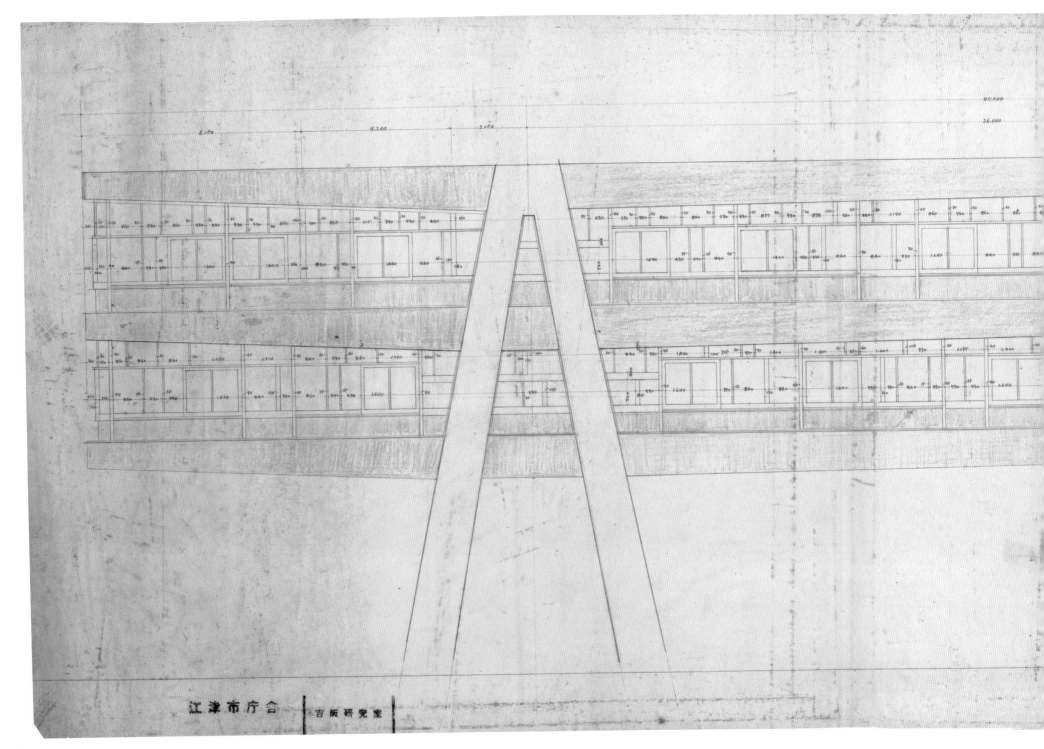

江津市庁舎　吉阪研究室

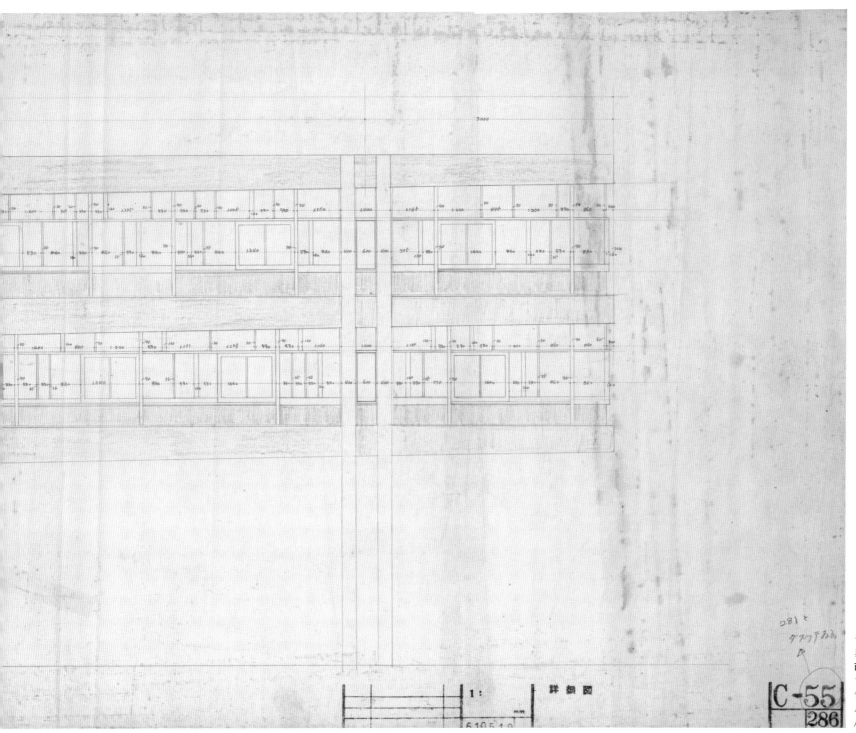

詳 細 図

1:

mm

6 1 0 5 1 0

C-55
286

モデュロールで割付けた木製建
具
西立面 詳細図
1:50｜1961年5月10日｜大
竹十一｜トレーシングペー
パー・鉛筆・色鉛筆・インク｜
A2長［390×1071］｜48%

江津市庁舎　　　｜　1 7

ピロティの市民広場

　江津の市庁舎を撮影していたときに、手前の広場で竣工祝賀会をやっていました。そしたら突然、みぞれが降ってきたのです。それを僕は山の上からとっていたのですが、広場にいた人が皆一斉にピロティの中に入って、そのまま祝賀会を続けていました。

　そうか、ピロティというのはこういうものか、とハッとさせられました。この経験は、建築の使われ方というのかな、建築の本来的なありかたを示すものとしてとても重要だと思いますし、今でも印象に残っています。

村井　修

『建築雑誌』2010年7月

◀左頁　落成式の市民広場 1962年3月23日　撮影 村井 修

[左] デンデンムシと呼ばれた2階のブリッジへの階段
[右] A棟の全荷重を支える逆V字柱

［上］丸鋼を曲げて造作した議場ドア押手
［下左］床の瓦タイルと瓦の巾木　　［下右］A棟2、3階階段手摺

2階エントランス床の瓦タイル

[上] 階数表示の数字のサイン、B棟階段室の2階
[下] 縮尺1:1の原寸で考えた階段手摺、端部は現場で断面方向を決定した

窯の部材で構成した庁舎東側壁のレリーフは
現場担当の松崎義徳が制作

ベルギー領コンゴ
レオポルドビル
文化センター計画

ベルギー領コンゴ｜国際設計競技｜1959年 計画

集めることと拡めること
独立を損なわずに統一を与えること
停滞に陥らない安定性
不安に導かれない可動性

二つの矛盾した力、それをそのまま認めつつしかも協調を見いだすこと、ここに20世紀後半の課題を解く鍵がある。

　当時ベルギー領であったコンゴのレオポルド・ビルの文化センターの競技設計に入賞した。
　ここでは自然や文化の各種資料や遺産を募集し、研究整理して展示解説する。また巡回して遠隔地の人びととともつながりをもつ。各地から集まって来る人びとは、ここでの催しに参加して、それぞれ知識や思想を得て持ち帰る。
　この集めること拡めることは、建築的にその平面にも姿にも表現されている。

『建築』1961年5月

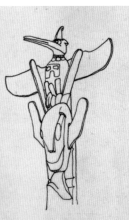

意義ある行為は常に世界の声に答える
コンゴー文化センター　その意義と課題

この施設の内容、そこで行われる活動は、單にコンゴーやレオの問題というより、遙かに廣い一般的な命題を内包している。

最近2-3世紀の間、一方的に独走していたといつてよい西欧文明が、いよいよ人類全体の課題としてとり上げられ、反省、止揚されなければならない段階に來た。　それは非西欧世界で先す感じられ、西欧自体でも氣がつき出している。

近代のかなりの部分は、なるほど考え方も技術も、西欧が生み育てたものを源として成り立っている。　しかし人生の全部をそれで割り切るにはまだ不十分だ。他のみちを經て育つた生活の智慧の前に矛盾を露呈した。西欧文明の一方的進出はこゝで抵抗を感じたのである。

悪くすれば、押付けと反駁とになりかねない世界の勢力均衡の争いの前に、これを協調に導く方法を見出さねばならない。このことは一國内またはもつと小さな集團の中での問題でもあるのだ。
文化センターの誕生は、そこで何らかの役割を分担し、いくばくか、平和への寄与ができるものと信じる。

le point de départ : il faut savoir où jeter la pierre ; le monde cherche une solution pour devenir un, participons y.

設計説明書 1
- ｜1959年｜スケッチ 吉阪隆正、文字 大竹十一｜トレーシングペーパー・鉛筆・インク｜A3 [356 × 430]｜41%

劇場エリアの油粘土模型**

設計の方針：

　集めることと弘めること

　独立を損わずに統一を与えること

　停滞に陥らない安定性
　不安に導かれない可動性

二つの矛盾した力、それをそのまゝ認めつゝし
かも協調を見出すこと、ここに20世紀后半の
課題を解く鍵がある。

DOCTRINE :

1) ASSEMBLER ET PROPAGER.

2) UNIFICATION SANS PERDRE L'INDEPENDANCE

3) STABILITE SANS TOMBER A LA STAGNATION ,
   MOBILITE SANS CONDUIRE A LA INCERTITUDE

Ce sont chacun deux forces contradictoires.
Il faut accepter tous deux tel que, et les mettre en accord.
La solution à ce problème sera la clef pour trouver le che-
min de la civilisation pour la deuxième moitié du vingtième
siècle.

voici les doctrines ; architectes, trouvez-nous les moyens exprimant l'esprit, fonctionnant bien, un prototype du siècle.

DISTRIBUTION DES BATIMENTS

magasins et
s. d'études
des musées :
(afrique,
europe,
hist. nat.
et homme)

s. d'expositions
des trois musées:

extensions
temps moderne
hist. naturelle
et de l'homme

galerie d'art .
bibliothèque
appartements

départ et arrivée
des voitures de tournée

théâtre exprimental
forêt existante
parking
bureau
esplanade
théâtre
(show, concert)
foyer en commun
s. de conférence
auditorium
(ballet, cinéma,
conseil,...etc)
flaque d'eau
tour de la télévision

文化センターはその任務から：

自然や文化の各種資料や遺産をこゝに蒐集し
研究整理して、展示解説する。
更に巡回に出して、遠隔地の人
々ともつながる。
各地から集り来る人々は、こゝの催しに参加
し、各自夫々に智識や思想を得て持ち帰る。
近代技術のマスコミは、上演物を直ちに願い
地域に傳播せしめる。

集めることと弘めること。この二つは建築的
に、その平面にも、姿にも写し出される。

2

自分がそこに参加しているということ
は人生に希望を与える。だが自分はそ
の集団に束縛されまいとするのも本能
的な欲望である。かこまれているが、閉されて
いないフォアイエがこの気分を与えてくれる。

リクマン通りに面する他の建物に調和させて直
線的に伸びた諸博物館の倉庫並びに研究部がこ
のセンターの中心軸をなす。しかし他の施設は
自由奔放に展開して独自性を発揮する。東には
人々の盛り上りを、西に森の静けさを。

好奇心や向学心は系統的な説明を欲する。しか
し人々は好きなものだけ拾って観賞する。大区
画を与えて道を失わず、自由に巡り歩ける展示
がこれに答える。

共同のフォアイエはそれ自体レセプションの
場ともなるが、また舞台と化して、広場に集
まる一万の会衆に野外劇を展開して見せる。
だが一方に、150人、800人、1800人 のまと
まった一つの雰囲気に演者と観客聴衆を結ぶ
場があり、それは共同のフォアイエに溢れ出
て来て、感激がひろまって
ゆく。

倉庫や展示の場は空間の単
葉単位としてあるので、内
浄化に伴って随時可変的であるし、予備の土
地の増改築も楽である。　　　　だが大区画
の雲が乱雑に陥ることを防いでくれる。

会食、合宿、実験劇場などを蒐集予定地に建
てることで集団活動を更にたすけてくれる。

réponse : l'avenue P. Ryckman est un axe, l'axe du Centre longera celle-ci, et à l'est les hommes, à l'ouest les objets.

3

[3点とも]
設計説明書2、3、終わりに
- | 1959年 | スケッチ／吉阪
隆正*、説明文／大竹十一* |
トレーシングペーパー・イン
ク | A3［356×430］| 上1点
は28%、下2点は23%

終りに。

私は丁度一年前にレオを訪れて、そこのたくま
しい若い力と、よき指導との行われているのを
見て、この文化センターに是非提案をしたいと
考えた。

どうか、総督官邸と裁判所との間に生れるこの
文化センターが、一方には民意を汲みとり、一
方には人類の叡知を参照されて、公正な判断を
下す拠り所となり、世界の人々への模範となる
政治が行われ、普國の発展あることを祈る。

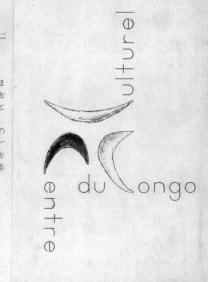

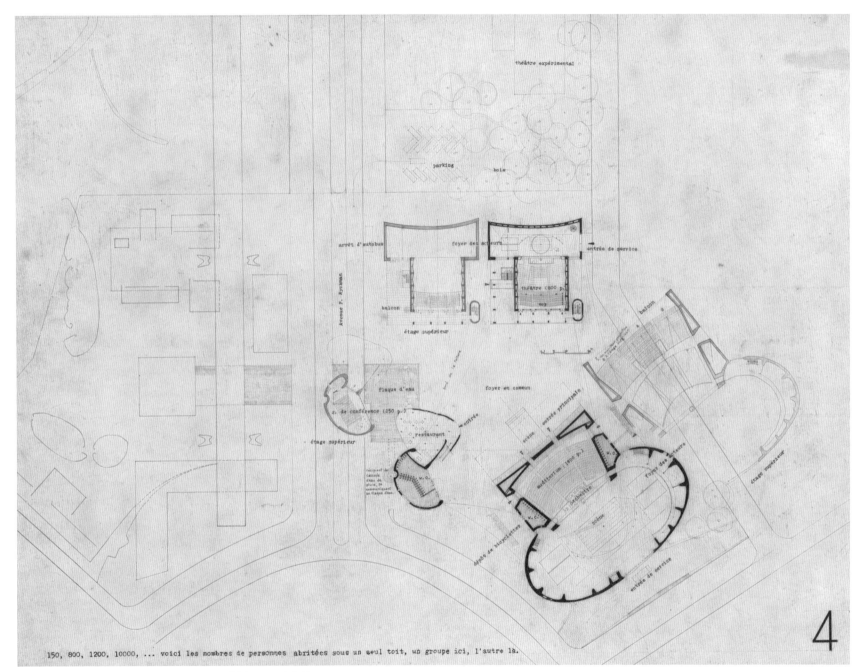

théâtre expérimental

parking   bois

arrêt d'autobus   foyer des acteurs   entrée de service

balcon   théâtre (800 p.)

étage supérieur

Avenue P. Ryciman

flaque d'eau   foyer en commun

s. de conférence (150 p.)   entrée

étage supérieur   restaurant   entrée principale

auditorium (1800 p.)   foyer des acteurs

w.c.   étage supérieur

dépôt de bicyclettes   entrée de service

4

150, 800, 1200, 10000, ... voici les nombres de personnes abritées sous un seul toit, un groupe ici, l'autre là.

4：コンサート用劇場、大ホール、共同のフォアイア、野外劇場エリア 平面図
1:500 ｜ 1959年 ｜ 松崎義徳* ｜ トレーシングペーパー・鉛筆・インク ｜ A1変型［581×765］｜ 29%

▶右頁 **5：ホール 断面図、パース、スケッチ**
1:200 ｜ 1959年 ｜ スケッチ／吉阪隆正*、断面図／城内哲彦* ｜ ト
レーシングペーパー・鉛筆・インク ｜ A1変型［535×702］｜ 39%

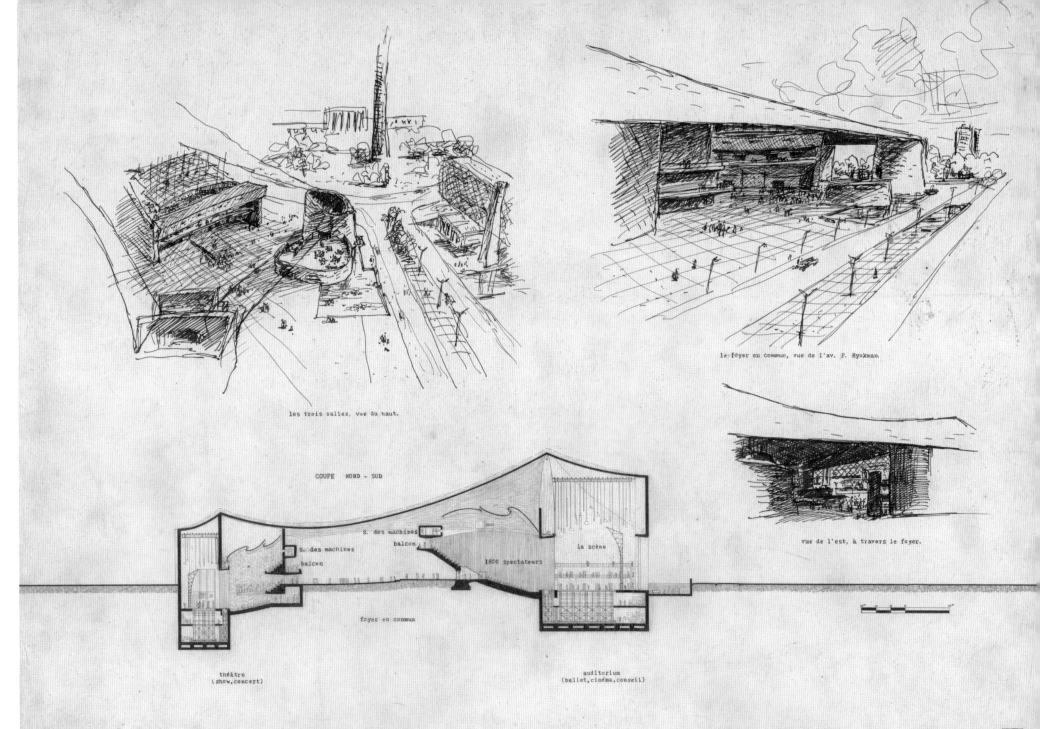

les trois salles, vue du haut.

le foyer en commun, vue de l'av. P. Ryckman.

COUPE NORD - SUD

S. des machines
balcon

S. des machines
balcon

la scène

1800 spectateurs

foyer en commun

vue de l'est, à travers le foyer.

théâtre
(show, concert)

auditorium
(ballet, cinéma, conseil)

une interlocution entre acteur et spectateur, conférencier et auditeur, naissance de la joie de vivre, contagion de la joie.

5

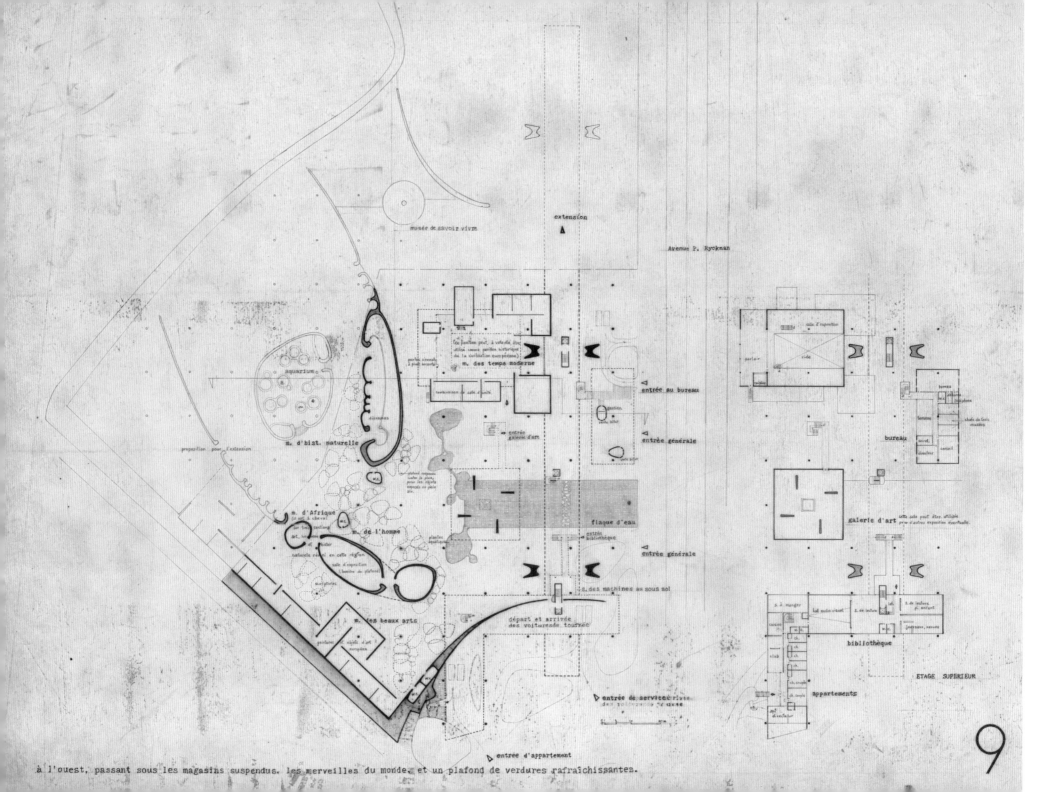

extension

musée de savoir vivre

Avenue P. Ryckman

m. des temps moderne

entrée au bureau

entrée galerie d'art

entrée générale

aquarium

m. d'hist. naturelle

proposition pour l'extension

flaque d'eau

m. d'Afrique

entrée bibliothèque

m. de l'homme

entrée générale

s. des machines au sous sol

m. des beaux arts

départ et arrivée des voitures de tournée

entrée de service

entrée d'appartement

bureau

galerie d'art

bibliothèque

ETAGE SUPÉRIEUR

appartements

à l'ouest, passant sous les magasins suspendus, les merveilles du monde, et un plafond de verdures rafraîchissantes.

9

◀左頁 **9：展示エリア 平面図**
1:500 ｜ 1959年 ｜ 滝澤健児* ｜ トレーシングペーパー・鉛筆・インク ｜ A1変型［594×766］｜ 36%

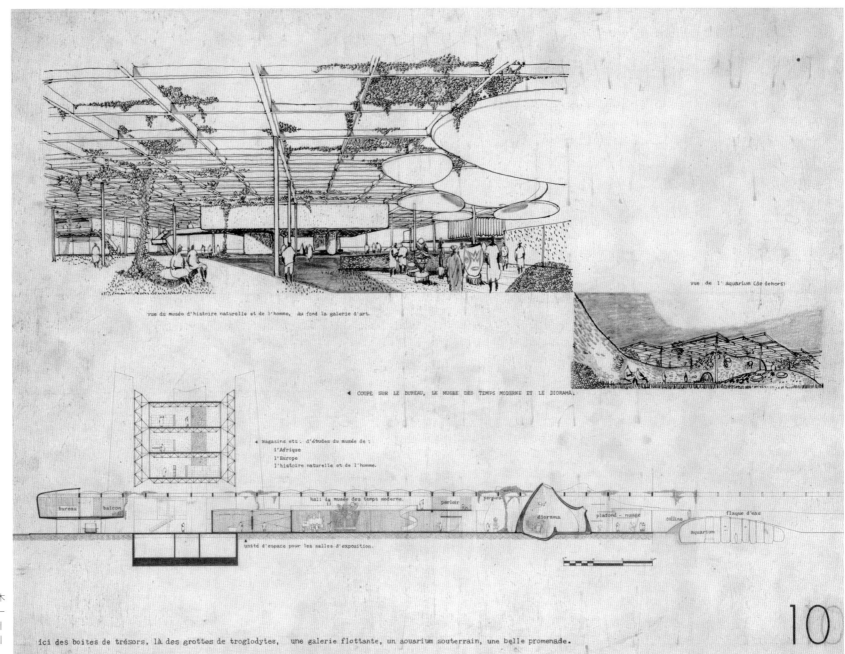

vue du musée d'histoire naturelle et de l'homme, au fond la galerie d'art.

vue de l'aquarium (de dehors)

◀ COUPE SUR LE BUREAU, LE MUSÉE DES TEMPS MODERNE ET LE DIORAMA.

magasins etc. d'études du musée de :
l'Afrique
l'Europe
l'histoire naturelle et de l'homme.

bureau　balcon　　　　　　　　　hall　le musée des temps moderne.　　　perloir　pergora　diorama　plafond - nuage　colline　flaque d'eau
aquarium

unité d'espace pour les salles d'exposition.

ici des boites de trésors,　là des grottes de troglodytes,　une galerie flottante,　un aquarium souterrain, une belle promenade.

10：断面図、透視図
1:500 ｜ 1959年 ｜ 鈴木恂* ｜ トレーシングペーパー・鉛筆・インク ｜ A1変型［572×765］｜ 30%

10

不連続統一体

鈴木 恂

レオポルドビル文化センター国際
設計競技応募作品（1959）
模型を前に、後列左から松崎義徳、
大竹十一、吉阪隆正、沖田裕生、
城内哲彦、前列左から、山口堅三、
鈴木恂、戸沼幸市、滝澤健児、
1959年**

吉阪隆正指導の早稲田グループ、サンパウロ・ビエンナーレに57年より三年連続最優秀賞獲得！——この快挙を生んだのが〈不連続統一体〉の理論であった。

「不連続統一体」または「不連続的統一体」とは、1957年に吉阪隆正が唱えた理論。個と集団といった人間関係、建築と都市の計画、空間や形の作り方などに汎く応用される考え方であるが、何といってもその特徴は、計画の過程を通して実践上で発想されたところにある。それだけに強い説得力を生み、論としての不完全さを超えて実行者に多大な関心をもって迎えられたのである。

したがって、この理論の説明はそれが発想され展開された現場に則して語る必要があろう。ここでは実践の三つの場面に絞って、この理論のもつ魅力を、吉阪個人史を混じえて、記してみたい。

1956年ヴェニス・ビエンナーレ日本館を完成させた吉阪は、同じ年ユーゴで開かれたCIAM会議を興味深げに見守っている。この会議のテーマは前々回の「都市の核」に続く「住居」と「クラスター」であったが、彼は固定的な都市の核への疑問と、軸的に集合

するクラスターへの批判をもってその会議を見ていたらしい。そしてそれが彼の理論の火種になっていると想像できる。

吉阪はコスモポリタンとして知られている。特に第三世界への視野をもったコスモポリタンであった。五七年から数年間は、吉阪の個人史の中で「探検時代」と呼ばれる時代に当たり、西欧中心の諸論理への抵抗と批判を東洋思想や第三世界の側から身をもって開始した時期に当たる。原型に近づく行動や世界大の移動は、彼の理論に非西欧的なふくらみを注ぎ、非静的なダイナミズムをもたらした。

さて、そうした状況で57年に、彼はサンパウロ・ビエンナーレに参加する大学院学生を指導して、「工業センターのための住居核計画」を進める。その計画の過程で、この理論の「鍵が発見され」「不思議の扉を開く感激」[*1]を味わうのである。この鍵や扉を開けるヒントを得たのは、前述した「核やクラスター」批判の精神であったが、チームの学生であった松崎義徳の「移動コミュニティ論」[*2]や、同じチームの学生でバックミンスター・フラー理論を早稲田に持ち込んだ貞尾

ショージの「フラーの構造理論」が、より直接的にその発見をうながしたと推察することができる。学生は最初それをDiscontinuous-continuityつまり「不連続の連続」と呼んでいたのであったが、結果として「住居核を動的に捉えた提案」[*3]によって、早稲田は見事三回連続の最優秀賞を得ることになる。

次の年1958年赤道アフリカ探検旅行を終えて帰国した吉阪を待っていたのは、創立七五周年記念早稲田祭の「建築展」計画であった。200人の学生たちは、ホヤホヤの「不連続統一体」をテーマに集団創作を企画していたからだ。「個はそれぞれの独自性を発揮しながら、集団とうまく調和を保っているような、そんな世界」[*4]を計画するために学生はこの理論を応用しようとしていた。

「個は全体の中で抑圧されるのではなく、——全体として動的な秩序のもとに、それ自身発展的な内容をもつ個の連続した社会、そのような都市社会を作り出す」[*5]ために「住戸から都市まで」が計画対象にされた。しかし、その理論が最も効果を上げたのは200人の集団創作の作業理論としてであった。

D どこでも
I いつでも
S それぞれが
C こんなことでも
O おもいきって
N なんでも
T ていあんしよう

「DIS-CONT の名の由来と提案」
420×1050 サイズの青焼図を
折り畳んだパンフレットの表
紙、1963 年 6 月 30 日**

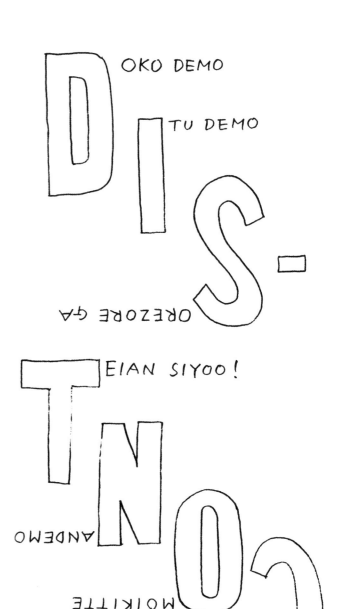

OKO DEMO

TU DEMO

OREZORE GA

EIAN SIYOO !

ANDEMO

MOIKITTE

ONNA KOTO DEMO

この二つの実験をふまえて、この理論は「人間関係」についていえるように、物の関係についても、造形についても、芸術一般についても——建築のプランニングにも[6] 応用可能であると、吉阪は書いている。が、同時にあまりに広汎な対象によって理論自体の硬化現象を危惧する細心さも吐露している。

さて、次の年 59 年ブラジルから帰って来てすぐ、アフリカ東部コンゴのレオポルドビル文化センター国際設計競技に応募するが、ここでは前二回の実験より一歩進めて、理論を計画の骨子だけに終わらせず造形理論として具体的な形に結びつけることに成功している。コンペの結果は、一等賞なしの三等入賞であったが、具体的な造形に役立つことの証明は、吉阪やスタッフたちに大きな自信を植えつけることになった。

文化センター計画方針の冒頭には「不連続統一体」理論が次のような簡明な文で記されている。「集めることと拡めること」「独立を損わずに統一を与えること」「停滞に陥らない安定性、不安に導かれない可動性」「二つの矛盾した力、それをそのまま認めつつしかも協調を見出すこと、ここに 20 世紀後半の課題を解く鍵がある」と。

以上三つの実験的展開を経て、「不連続統一体」は現実の計画への可能性を広げた。その最も優れた結実をあげるとすれば、その三年後に計画を開始した「大学セミナー・ハウス」ということができる。そしてその頃から吉阪は「有形学」をその理論に結びつける大いなる野心を抱いていたのであった。

『キーワード50 建築知識別冊』1983 年 7 月

note

*1 「建築家の主体性？……不連続統一体の提案」吉阪隆正著『建築文化』1957 年 8 月
*2 松崎義徳の学部卒業設計
*3 『早稲田大学大学院工学研究彙報』1957 年 10 月
*4 『今和次郎古稀記念文集』所収「不連続統一体」吉阪隆正
*5 『早稲田大学理工学研究所報告』所収「不連続統一の理論による集団創作について」吉阪隆正、戸沼幸市、鈴木 恂 1959 年 7 月
*6 ＊4 と同じ

309

海星学園

長崎県長崎市
RC造6階
2,843.96m²
1958年 設計、1959年 竣工、2015年 取り壊し

従来のゴミ捨て場だったこの急斜面の土地は、この建物ができることによって生きかえった。今までは、わずかの平地を見出してはそこに校舎を建ててきた。平地はむしろ運動場として使われるべきである。ここで建築技術と土木技術は、結びつけられ総合されてこの建物は完成した。崖の方向は、教室の求める方位とは必ずしも一致しない。ジグザグとトラスを寝かせたような三角に配置された梁、機能と造形と経済等はここで結びついた。

また、崖地のため、6階建てでありながら階段を使わずに直接、大地の上に出られる。　　　吉阪隆正

『建築』1961年5月 『吉阪隆正集 7』再録

◀左頁 坂の街、長崎の斜面に建つ校舎群、1959年に竣工した校舎は塔のマリア像をどこからでも眺めることができる新しい風景をつくった、取り壊し前の2015年7月撮影
[右] オランダ坂を上ると階段室の塔と校舎が現れる 1995年3月撮影

海星学園の設計

地形をながめ、位置をさだめ、形を考える。

幾何学の世界。彫刻的な構想。風景の改造だ。

照りつける夏の陽射しの下ではどうだろう。

雨のしょぼふるオランダ坂からのながめはいかん。

颱風が荒れ狂う日のこの崖はどんな様相を呈し、毅然と建つ姿はどれか。

ロマネスク風の旧校舎は一つの完成体だ。

それを侵さず、さらに輝くようにし、かつ、現代の息吹を与えるものはなにか。

冥想、討論、醸酵、逆転、討論、瞑想等々。

走り書き、清書、修正、順列組み合わせ、こねくり回す粘土、紙の模型。

ふたたび冥想、討論、発火、そしてうまくゆけば凱歌。

それからしばらくして壁、ゆきづまり。こんなことがくりかえされる。

二を一にする生みの苦しみ。

これを多くのひとびとはさとらない。それはかくれているから。

$1+1=1$　この方程式を解くことが設計なのだ。ときには $\Sigma\, 1=1$ となるのだ。

そして結果の一がよいか悪いか、ひとびとは非情なまでに判決をくだす。

途中にどんな条件が入ろうとそれは結果によるのだ。

全く無情な世界だが、それだけにやりがいのある世界ではある。

よければ絶対に良いのだから。

吉阪隆正

『今日の建築』1960年4月　『吉阪隆正集 7』再録

[上] モデュロールで割りつけた木製建具、現場の様子＊＊

[下] 竣工時には鮮やかな色で塗り分けた教室前の廊下＊＊

▶右頁　南グランドから見た竣工時の全景、斜面に直角に配置して、各階にエントランスを設ける計画　撮影 吉阪研究室＊＊

新しい空間

吉阪隆正

雨が降って来た。
バナナの葉を一枚もいで頭にかざした。
雨のかからない空間ができた。
バナナの葉は水にぬれて緑にさえている。
バラバラと雨のあたる音がひびく。
この光と音の下に居る者は雨に当らない。
この葉をさして歩くと　葉先がゆれる。
ゆれるたびにトトトと葉の上の水が落ちる。
相当な雨らしい。

　新しい空間とは、こんな風にしてできるのだ。おそらくこれ以外の方法で、新しい空間は生まれない。葉っぱは傘になり、傘は屋根になり、屋根は住居になって、それからまた、諸々の公共の場所にもなっていった。

　自分の周囲に与えられた可能性の中から、最も端的に最も単純に、そして完全に要求を充たす方法を探し出すこと、しかも時期を失せずに。

　アフリカの土人は、バナナの葉で見事にこれを果している。印度だったら蓮の葉だったかも知れない。日本はふきの葉だってよい。どこの国の人も、こうした知恵を持っている。その同じ知恵を忘れずに、もっと複雑な要求にも用いることなのだ。新しい空間は、最初にその解答を出した時に、そう呼べる。

　毎回条件は違うのだから、毎回新しい空間は生み出せるのである。なぜ人々はそれをやらないのだろう。

　前の人がある新しい方法で問題を解決した。同じような問題が生じた。同じような解決策をとった。その辺まではよい。

　その後状況は少し変ったが、似たような問題だ、前の解答を流用しとけ。

　いつの間にか解答はしきたりとなった。問題の発生する時期が来たから一応これをやろう。解答はだんだんと繰り返しおこなわれる間に洗練はされた。しかしそれと同時に内容はうすれていった。

　しきたりはいつしか束縛になった。うるさいことだが形式をとらねばならない。この時古くなったと言える。だが人々はちょっともこれを払いのけようとは考えない。ほんのちょっとしたことなのに、困る困ると云いながら、やはり捨てようとはしない。

　新しい問題は次々と発生しているのに、これを取り上げる人がいない。新しい問題は古い方法では解決されないのに、矛盾だらけの従来の方法で間に合わす。時期を失せずにということばかりが、えらく重点となって、他のこと、最も端的に、最も単純にとか、なかんずく要求を完全に充たすということをすっかり忘れているのである。

　人が生活するのに水平な場所の方が楽だ。だから建物をつくるなら平地がよい。そしていつしか、平地でなければ建物は建たないものと思うようになってしまった。なぜ崖地ではいけないのだろう。平地がなくて困っている時に、なぜ他の用途にすでに有効に使われているその貴い平地をつぶさなければならないのか。

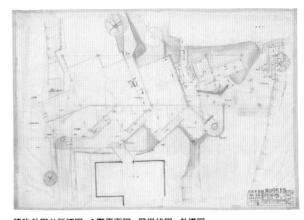

建物外廻り詳細図、1階平面図、屋根伏図、外構図
1:100 | 1958年3月6日 | 松崎義徳 | トレーシングペーパー・鉛筆・インク | A1 [531×778] | 10%

崖地はゴミ捨てにしか使われていない。雑草が生い繁って遊び場にもなっていないのに、税金だけ納めている。まだ十分活用の余地があるのにそこは全然顧みられようともされていなかった。

　目を開いて見ることだ。どんな能なしだって、この世にある以上は何か役立つことを持っているのだ。人々がそれを生かしてやらないだけだ。人々はスターばかりに目をうばわれている。新しいものは、スターからではなく最も下積みの所から生まれる。

　これ以上、下にならないという自信は、何をすることをも恐れない。一番上の者は答のわからないことをやって、もし仕損じたら下へ落ちるしかない。下の方はうまく行った時には必ず上になる他ない。一番下のものが一番貴い。将来にすべてをかけている意味で貴い。

　建物は四角くつくると、いろいろな物を収納するのに都合がよい。構造的にも単純になる。そう云っている内に建物は四角しか考えられなくなった。四角以外は全部いけないみたいになった。円形が出た時人々は

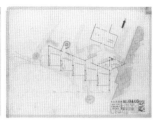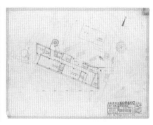

[左から]**2、3、4、5、屋上階 平面図**
1:200｜1957年11月14日、15日｜
-｜トレーシングペーパー・鉛筆・
インク｜A2［396×538］｜7%

驚いた。

ジグザグにしたら人々は不思議な顔をした。何という無駄をしているのかと考えた。奇をてらっているとも批評した。

しかし四角より三角の方が安定していることを人々は知っているのに、建物は四角だから三角にならないと取り上げても見なかった。常識とは恐ろしいものだ。

常識がひどい束縛をわれわれに強いていることがあるのに、人々はそれに気付かずにいる。教室は南面させたいのに、崖は西を向いている。崖を使えば南面せず、南面させようとすれば崖が使えない。三角はこの問題を解いてくれる。南に面しながら崖に沿うことができる鍵をあたえてくれるからである。

四角には四角の姿があるが、三角にはまた別の姿がある。三角を採用したことは、四角でない姿へ私を導く、これは幾何学の世界だ。

幾何学の世界とはいうものの、三角形の内角の和は180度であることを証明せよというような幾何学ではない。三角を組み合わせていって、最も単純にいろいろな要求を充たすような、そんな姿はないかと求める幾何学である。太陽が地球のまわりをまわっている時の軌跡より、地球が太陽のまわりを回っている時の軌跡の方が思考の節約になるというような方向に、複雑な建物の使い勝手をなるべく単純な三角の組み合わせで解明しようというのである。四角より三角はとかく「余り」を生み出し易い。余りが生まれるから四角の世界ではうまく割り切れた窓がおさまらない。ル・コルビュジエは窓のかわりに第四の壁というのを唱えた。これはうまく使える。余りがあるが故に使える。人生に余裕というものは貴い。余裕と無駄とは別である。うまく使った時に余裕というのである。ギリギリというのが合理であるかの如く錯覚するのは、理性一本で人生を割ってしまうようなもので、反面しか見ていない。四角はとかく四面にギリギリになり易い。三角はもっとトゲがあるようで、案外に組合わせで鈍角となって、四角よりもおだやかだ。そんな所から余裕が出て来る。

学校建築に余裕を持った空間を与えることは生徒に余裕ある生活を教える。とかく四角な人間の多くなった今日、それは特に必要なことだ。

現代は専門化、分業の世界だ。建物だってその精神を生かしていい筈だ。第四の壁面はその一つのよい例である。光を必要とする所、風を必要とする所、眺めを必要とする所、それをそれぞれが一番端的におこなうような姿にしたらよいではないか。垂直の交通、水平の活動、静的空間、物を置く所、それぞれが独立して一番よく果たされるように、それぞれに適した形にすればよい。

そしてこれらをうまくつないで綜合的な統一を与えることだ。過去の常識とは違った形になったかも知れない。暖房のパイプは、パイプの場所を勝手に部屋のまわりにまわして鉢巻のようになった。窓のない部屋の隣に壁のない部屋もできた。しかしそれぞれが独立して自己の主張をしながら（これを私はクラスターシステムと呼んでいる）、互いが援け合って生かし合う。たとえば統一的なパターンがそれぞれの特異な姿を一つに結びつける。モデュロールというような統一的な寸法が使われていることも、異質なものを一つに結びつけてくれる。変化、独自性と統一がここで得られる。それを私は「不連続的統一体」と呼んでいる。これはまた創作の方法にも使えるのだが、今は略して置こう。

このためには、いつも常識を一度反省しなおす必要がある。何が要求か、それを最も完全に充たす方法はどれか。その中でもっとも端的で、しかも最も単純なのはどれか。それぞれの独立した要求についてそれぞれの答を出し、それらを綜合した上でなお一番単純なものはどれかを考えてゆく。だがもっと重要なことは目だ。目を見開いて物を見ることだ。常識は目を曇らせる。曇ったままで突風を求めるのと根本的に違うことをよく認識して欲しい。新しい空間は突飛に見えるが、突飛を求めたものでないことを。

『近代建築』1959年8月　『吉阪隆正集 7』再録

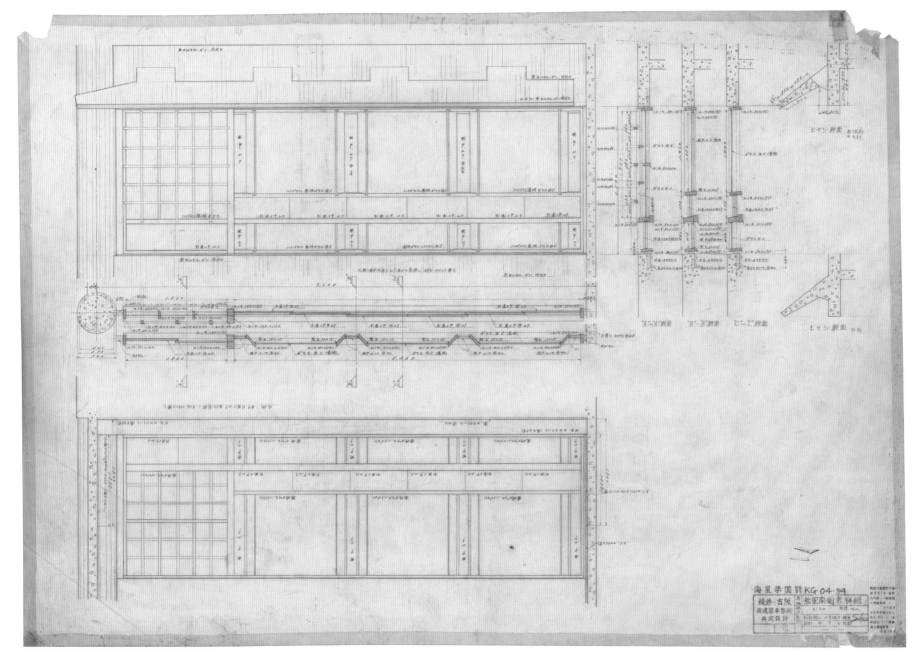

[上] 教室南側窓詳細図　平面図、断面図、立面図
縮尺1:20 | 1957年11月28日 | - | トレーシングペーパー・鉛
筆・インク | A1［546×788］| 30%

▶右頁　会議、会計室詳細図　平面図、断面図、立面図
1:20 | 1958年7月19日 | 城内哲彦 | トレーシング
ペーパー・鉛筆・インク | A1［541×787］| 34%

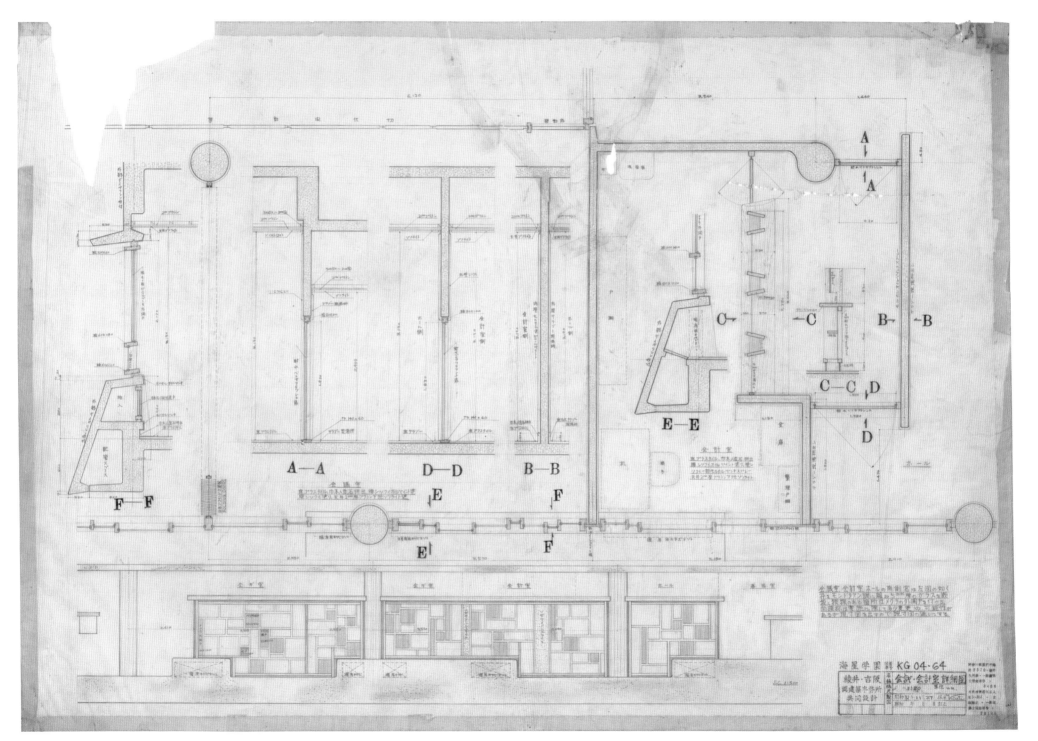

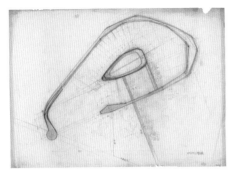

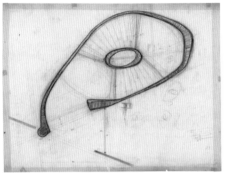

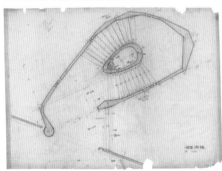

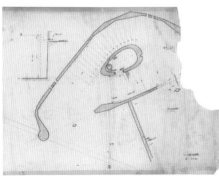

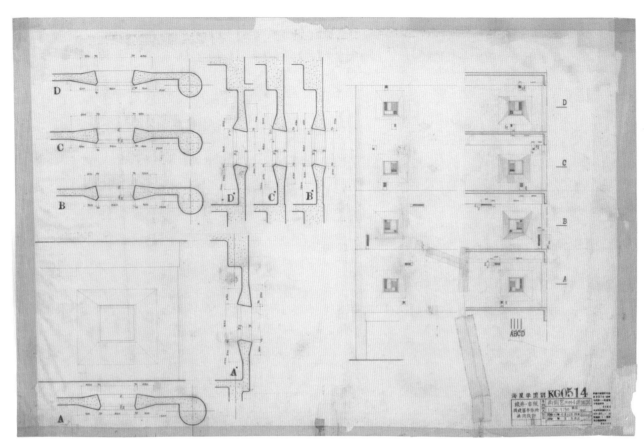

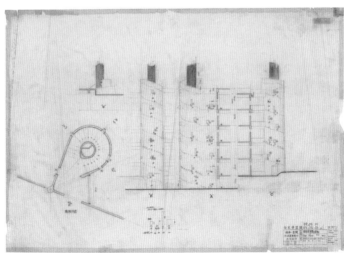

[左4点とも] **階段室平面 エスキス**
1:20｜平面図｜-｜松崎義徳*｜トレーシングペーパー・鉛筆｜
A1[576×811｜72%

[右上] **西側窓コンクリート詳細図**
1:20、50｜平面図、立面図、断面図｜1958年4月12日｜瀧澤
健児｜トレーシングペーパー・鉛筆・インク｜A1[513×786]｜
21%

[右下] **階段室窓割詳細図**
1:50、100｜平面図、断面図、立面図｜1957年11月28日｜松
崎義徳｜トレーシングペーパー・鉛筆・色鉛筆・インク｜A1
[537×776]｜11%

▶右頁 北側、階段室の塔と壁に埋
め込んだタイル散らし貼り模様

401

呉羽中学校

富山県富山市呉羽町
RC造4階
1960年 設計
1960年／第1期、1961年／第2期、1962年／第3期、1963年／第4期

　Y型の教室棟平面は、予算が分割されて出されるため、ひとつずつ完成していく利点をもっている。このY型教室棟にかこまれた中庭は、生徒たちに共通の場を提供する。また、それぞれのブロックは、ピロティと通路によって結びつけられている。

　一般教室は3学年が3学級あるところから3つのブロックになっており、その一方に教員のためのブロックがあり、他の側に特別教室棟がつながっている。

『建築』1961年5月

[左] 中庭をつなぐブリッジの生徒たち
▶右頁　全校生徒が中庭の回廊に集まり
全校合唱の歌声が響く　1995年7月

昼休みの中庭バルコニー

[上]階段室から屋上のブリッジへ
[下]呉羽のまちなみと校舎全景

▶右頁　**配置平面図A案**
1:500 ｜ 1962年12月8日 ｜ 大竹十一* ｜ トレーシング
ペーパー・鉛筆・インク ｜ A3変型 [255×371] ｜ 71%

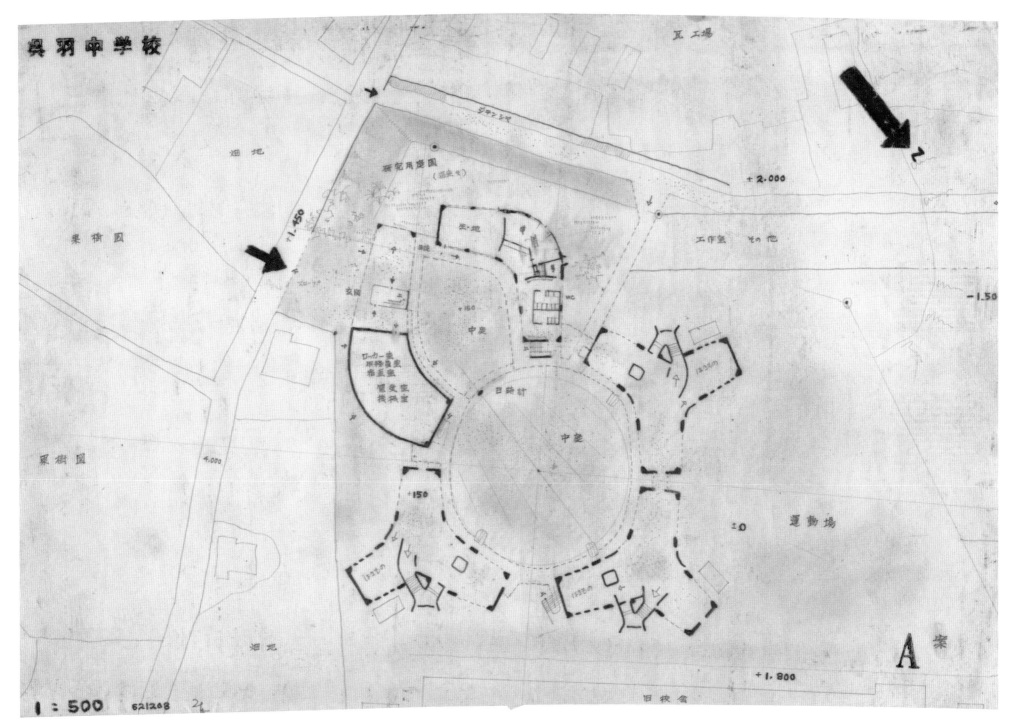

呉羽中学校

瓦工場

研究用庭園
（温室も）

果樹園

工作室 その他

+2.000

−1.50

ロッカー室
環境衛生
衛生室
保健室
機械室

中庭

日時計

中庭

+150

運動場

+150

±0

果樹園

4.000

畑地

A 案

旧校舎

1 : 500   521208

+1.800

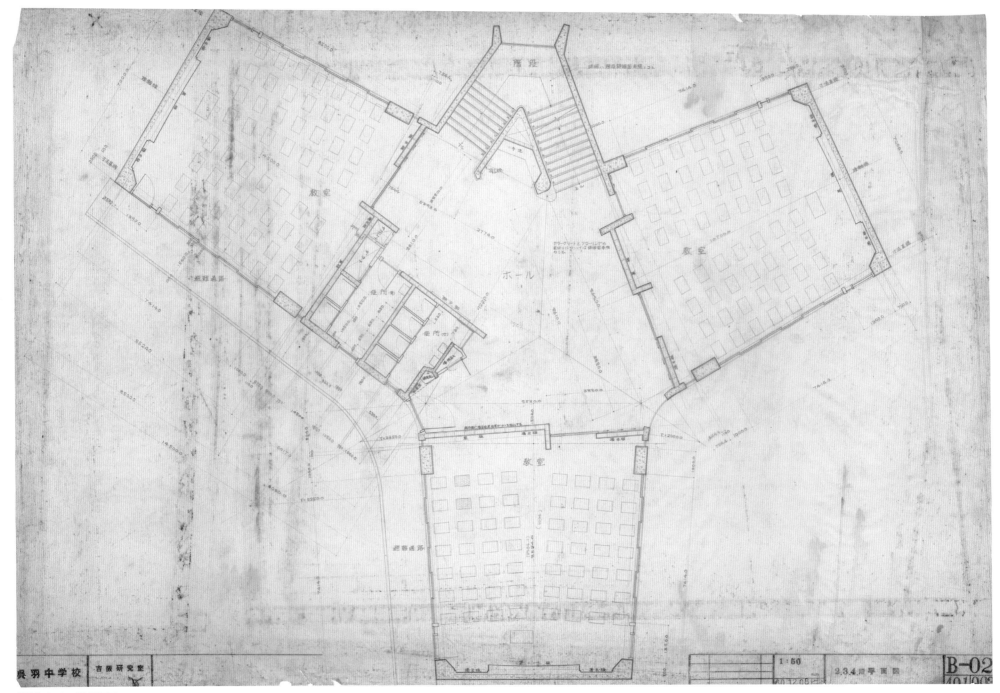

教室棟 2、3、4階 平面図
1:50 ｜ 1960年12月8日 ｜ - ｜ トレーシングペーパー・鉛筆・インク ｜ A1［509×760］｜ 34%

44

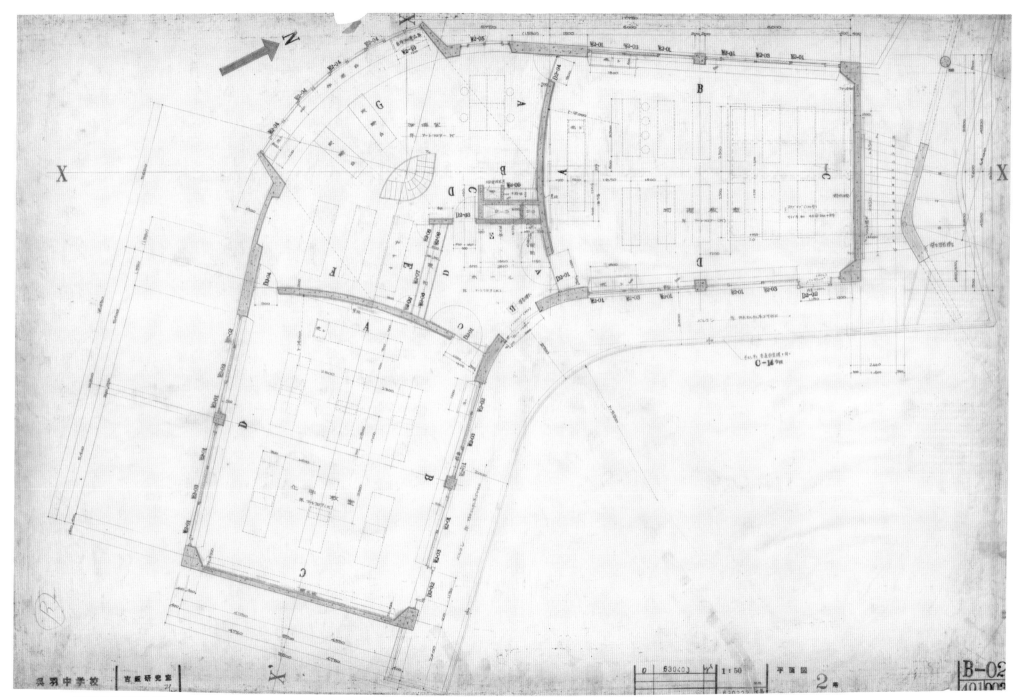

特別教室棟 平面図 2階
1:50｜1963年2月22日｜大高昭雄｜トレーシングペーパー・鉛筆・色鉛筆・インク｜A1［520×786］｜34%

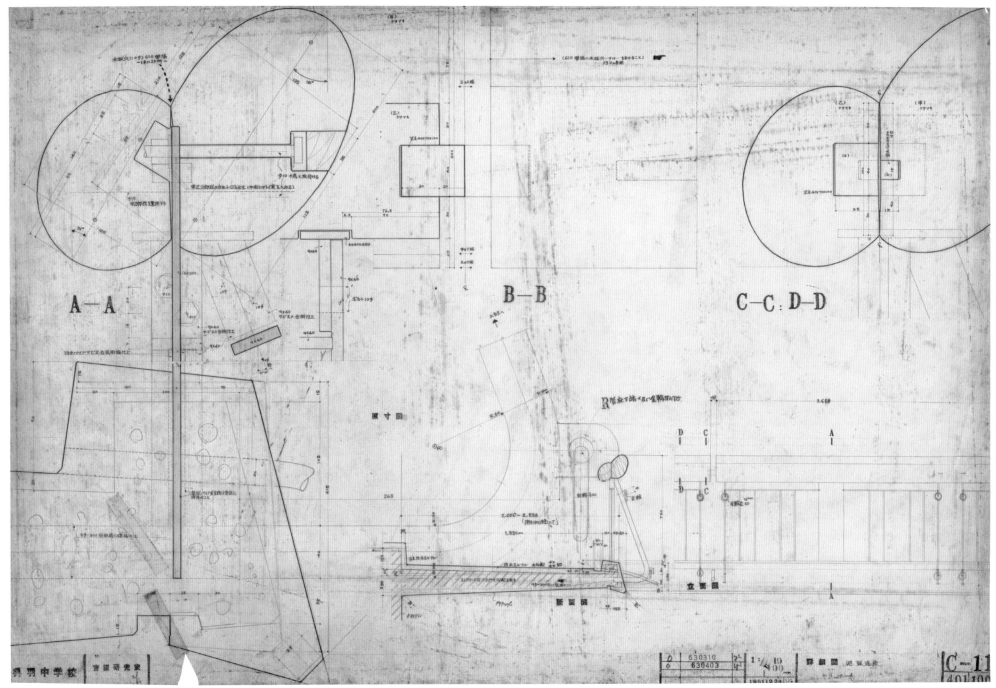

中庭を囲むバルコニーには、大きな栗の木を組み合わせた手摺りを付けた
詳細図 避難通路　1:10、100 | 詳細図 | 1961年12月26日 | 城内哲彦 | トレーシングペーパー・鉛筆・インク | A1長［509×763］| 34%

中庭を囲むバルコニーは
人と世代をつなぐ場所

教室棟回廊の全校合唱

呉羽中学校の設計は1958年に始まった。敷地も決まらない中、最初に全体の骨組みをつくり、見切り発車で一年目はY字型1棟9教室のV字部分の6教室。翌年に残りの3教室と一棟と、予算にあわせて1960年から五年間にわたり、一つの町に一つの中学校と、当時の呉羽町住民と行政が一つになって建設に力を注いだ。敷地と工事費の調整から、特別教室棟と管理棟は、くの字型に設計変更して1964年8月に完成した。使いながら検討して改善案をつくり、少しずつ変更しながら建てていく。吉阪は、「**小さな都市計画事業をやっているような気がする**[*2]」と記し、持論「**使いながらつくり、使い続けていく建築、都市**」の実践である。最終的に、Y字型教室棟が3棟、円形の中庭を囲むように配置され、特別教室棟と管理棟が楕円形の中庭をつくる、瓢箪型の回廊とブリッジの構成になった。

私が初めて呉羽中学校を訪ねた1995年の初夏、当時の松平義麿校長に、回廊に集まる全校合唱で歓迎いただいた。中庭に指揮の生徒が立ち、1階から3階までバルコニーに立つ全生徒の、中庭をわたる歌声に包まれ胸が熱くなった。その感動は今も忘れられない。

校舎で一日過ごし、何よりも印象的だったのは人の顔が見えること。放課後の中庭まわりでは部活動の生徒。クラスごとに合唱の練習をするグループ。バルコニーから眺めていると、劇場で舞台の人々を見ているような時間が経っていく。全校集会や朝会も開かれる。何度訪ねても、感動が色褪せない場所である。

みんなの姿が見えるので、自然に挨拶をしてくれる。校長先生も「赴任後、生徒から声がかかってくるが生徒の姿が見えないことがありました。よく注意してみると3階や4階など上からの声でした。以後、水平だけでなく上下も気をつけてみるようにして〈挨拶が上からふってくる学校〉だと思った」と語られた。「この学校だからできること、この校舎を生かした使い方を工夫していきたいと考えています」との言葉からは、建築だけではなく、人や場所の持つ力を引き出し、生かしていく教育姿勢が強く伝わってきた。

中庭を囲む三棟の教室棟は学年単位で一棟ずつ独立している。Y字型の教室棟はワンフロアーに三教室が配置され、中心のホールが階段室を兼ねているので、学年ごとのつながりと、階ごとに三クラスの交流が生まれる。そして、台形の教室にはコーナーに小さな空間ができる。生徒の様々な接点が自然に生まれる場所である。そして、中庭を囲む人と人の関係が見える組み立て。一人ひとりの生徒が出会い、グループをつくり、学校全体をひとつの社会として構成する。それが、設計のプログラムであり、呉羽中学校の校舎である。建築の形は、人と人の関係をつくり、変える力を持っている。

2003年のシンポジウムでは、「壮行会では、見送る選手の顔が見える。部活が強いのは雪が降ってもベランダを走って体力をつけたからだ、と担任の先生から良く聞いていた」と、卒業生は振り返る。

「今、子供達が学校に来られなくなる厳しい時代だが、学校建築は学校生活を楽しめる工夫が必要。呉羽中学校の直角がない校舎や自由に人が出入りできる校舎で生活していたこと。そんな自由な事がゆるされる空間で中学時代を過ごしたことが、今の自分につながっている」と、教育に関わる視点からも語られた。また、「各階3つの教室があるので、3教室単位で交流があった」と。

『呉羽中学校50年史[*3]』には、校舎建設の記録と中学校生活の思い出がぎっしりと詰まっている。時間をかけて、住民、行政、建築家が力を合わせて実現した校舎には、自由な造形とゆとりの場所がある。何よりも、1000人の生徒の顔が見える校舎、世代を越えて思い出を語ることができる校舎が、将来果たす役割は今以上に大きくなって行くはずであった。

そんな声の中、耐震補強工事費は自治体負担という当時の補助金制度が壁になり、2003年、呉羽中学校は建て替えのため解体された。その後、学校建築は耐震補強工事を行い、使い続ける時代へと、技術も価値観も確実に変化している。世代を越えて地域をつなぐ大切な思い出の場所では、建築でしか伝えられない記憶がある。

齊藤祐子
『コンフォルト』2003年9月　2021年加筆

note

*1,3 「Y字型校舎の落成」『光みつる藤が丘 富山市立呉羽中学校50年史』1997年

*2　『近代建築』1962年3月　『吉阪隆正集 7』再録

402

南山小学校

長崎県長崎市
RC造地下1階地上3階、他
4,595㎡
1958年 計画

小さな丸い丘の頂がこの学校の敷地である。この丘をかこむ周囲に信者が住んでいて、その教会が建てられ、小学校をつくられるというのが基本の要求であった。傾斜地が多くて運動場は頂のわずかな部分の地ならしでやっととれるというほどである。海からの風が強くあたるので、頂に窓の多い建物を突出させるのは好ましいことではない。

まず小学校から建設されるので、その計画が進められた。極端に切り詰められた予算のため、学級は片廊下をやめ、両面彩光の教室として窓面積も少なくした。特別教室は擁壁がわりに崖を利用して半地下にしている。校庭も傾斜を利用して低学年と高学年を区別した。

そして、お金の工面をしながら少しずつ完成してゆけばよいような案である。貧乏な国でいいものをつくる方法として……。

吉阪隆正
『新建築』1959年6月　『吉阪隆正集 7』再録

［左］グランドを囲む一般教室棟と講堂の油土模型＊＊
［右］教会の模型＊＊

▶右頁 **配置平面**
1:600｜-｜大竹十一＊｜トレーシングペーパー・鉛筆・色鉛筆・インク｜A3変型［335×498］｜64%

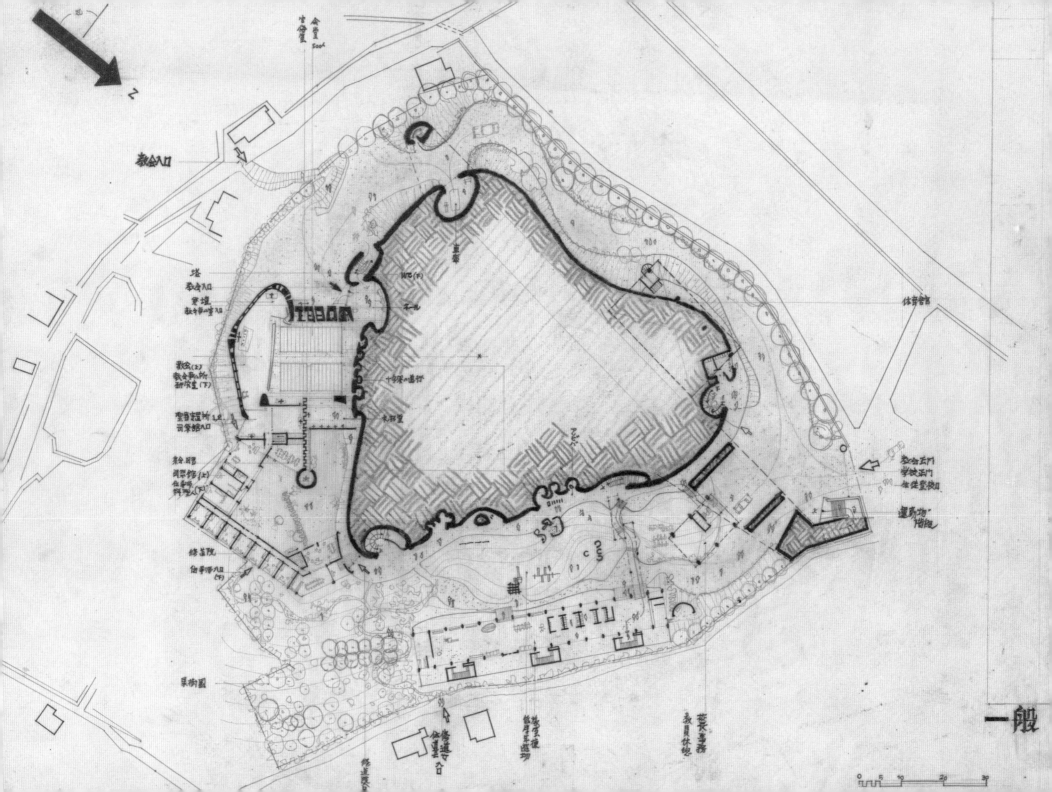

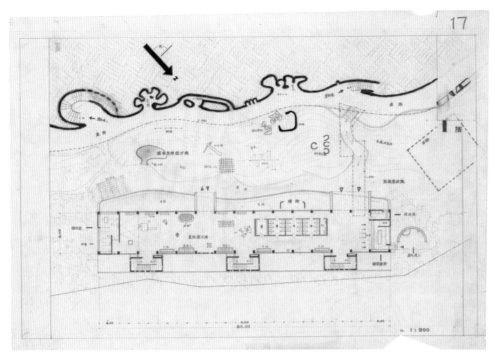

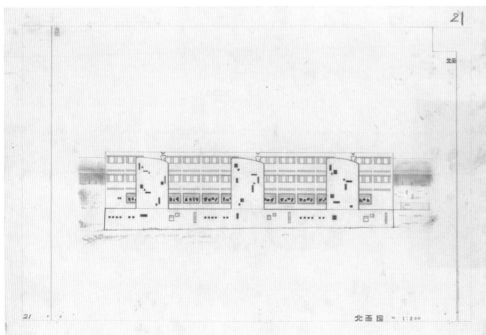

［上］**教室棟 1階平面図** ［下］**教室棟 北立面図**
縮尺1:200 ｜ - ｜大竹十一*｜トレーシングペーパー・鉛筆・色鉛筆 ｜ A3変型［326×488］｜ 26%

グランドの周りに配置した教室棟（黄緑）をA、B、Cタイプに分類して、それぞれ講堂、体育館（緑）
教会（薄茶）修道院（青）の配置バリエーション
［上下とも］**配置ダイアグラム**
- ｜ - ｜ - ｜トレーシングペーパー・色鉛筆 ｜ A3［290×418］｜ 29% **

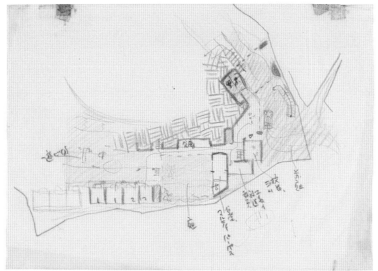

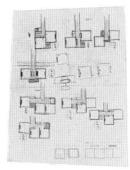

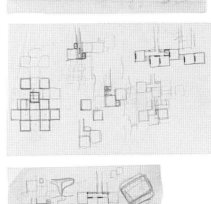

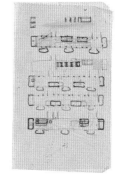

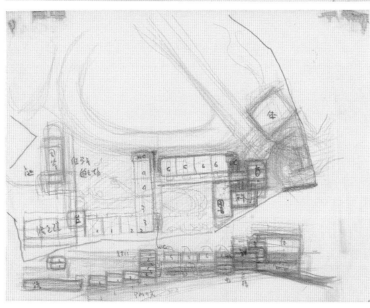

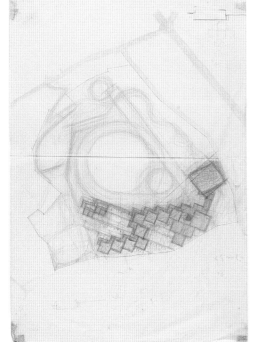

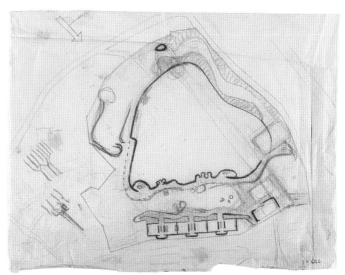

[左上]**B-6タイプ**
[左下]**C-1タイプ、配置計画エスキス**
1:600｜-｜-｜トレーシングペーパー・色鉛筆｜A3[418×290]｜22%**
[中左上]**教室棟、体育館1階平面図** [中左下]**2階平面図、断面図 エスキス**
1:600｜-｜-｜トレーシングペーパー・色鉛筆｜A4[214×296]｜34%**
[右上2列]**教室棟 平面エスキス5案**
1:600｜-｜-｜トレーシングペーパー・色鉛筆｜A5、A4｜**
[右下]**最終案 配置平面1階 エスキス、断面スケッチ**
1:600｜-｜-｜トレーシングペーパー・色鉛筆｜B4[272×362]｜25%**

602

アテネ・フランセ

東京都御茶ノ水
RC造地下1階地上3階
1,769.40m² ／第1期
1960年 設計

1960年／第1期、1963年／第2期、1968年／第3期、1969年／第4期、
1972年／第5期、1973年／第6期、1975年／第7期、1980年／第8期

　〈日仏会館〉（1959年竣工、1995年取り壊し）のすぐ近く、そして敷地も〈日仏会館〉をもう少し難しくしたような崖の上に建てられる。内容は特殊学校のため。少人数から大人数、さまざまな教室が要求されている。どの敷地でも起こる、西日の問題、風雨に対する窓の処置、道路側の騒音防止等の処理は普通のやりかたにし、ただ階段の取りかたを、ラッシュ時に上下交通の分離に必要上、2路線がとれる巾の階段とした。

『建築』1961年5月

　その後、既存建物の屋上に講堂、準備室、研究室等、1階分を増築する必要が生じた。鉄骨構造として、古い建物の上に軽やかにのせることを考えた。玄関横の階段室は、最上階の鉄骨ののびやかな屋根に対して、塔のイメージを強調して建物のシンボルになることを意図した。現在の耐震補強工事まで、増築工事を重ねる。

◀左頁　アンデスの夕陽に映える色で塗り分けた外壁には、ATÉNÉE・FRANCEのレリーフ
[右] 1962年に竣工後、講堂、研究室、階段室の塔、梟の風見など、増築を重ねてきた、水道橋方向には東京ドーム　1997年撮影

アテネ・フランセのシンボルマーク

崖側からの南外観

吉阪隆正のアテネ・フランセ

平良敬一

素朴で自然なもの、反美的美の魅惑

　吉阪研究室の仕事である〈アテネ・フランセ〉の新校舎には不思議な魅力がある。それは高度の抽象美でもないし、また世俗的なコマーシャルな感覚美でもない。同研究室の風変わりな住宅作品〈ヴィラ・クゥクゥ〉ほど非合理な相貌をしているわけでもないし、かといって〈ヴェネチアの日本館〉のように合理的な構成美が優勢であるわけでもない。いってみれば、この両者のほぼ中間に位置しているかに見える。合理と非合理が程よくバランスを保っているといった造型であるように見える。しかし、ここには古典的な意味での美の規範よりも、むしろ反美的ともいえる「醜」の相貌のほうがやや優勢なところに、どうもこの建物の魅力が存在するらしい、といっても私の独断ではなかろう。ともかく吉阪研究室の作品でなければ見られないオリジナルなものがあることは間違いない。それが私をつよくとらえていた。私はそれをみて、何かえらくユーモラスな感情が湧いてくるのを覚え愉快でたまらなかった。ビューロクラシーからは決して生まれ出てこない。また名人気質の個人の制作からもなかなか生まれてこない、不思議な歪みが感じられておもしろかったのだろうと思う。「不連続的統一」とか「愛は対象を得て……」とか、あるいは「民主主義」とか、

こうした言葉がごく自然に、設計の方法や集団設計のルールを説明するものとして作者たちの口から飛び出してくることなどと考え合せて、〈アテネ・フランセ〉のような作品を見ていると、なるほどと納得させられてしまう不思議な魅惑をたたえているのだ。

「醜」を含みながら、一向にそれを隠そうともしない開けっ放しなところにも好感がもてる。不快な色彩も、内部空間のある種の鬱とうしさも意味ありげに見えた。研ぎすまされた美では決してないが、これもまた美の一種であるのかもしれない。われわれをとりまく自然のパターンのなかにも、あるいはわれわれの内なる精神のパターンのなかにも、こうした嫌らしさに通じるがしかし不思議な魅力が存在するものである。バロックの芸術、自然主義、レアリズム、そして新しくはシュールレアリズムなどは、多分にこうした現実の「醜」を発掘し、われわれの美意識のなかに積極的に位置づけてきた。美の世界はかくして著しく増大し拡張されて、多様な現実世界とたえずオーバーラップしつつ領域をひろめつつあるのだ。具体的なもの個別的なものは、ほとんど無限にわれわれの有意味の世界に定位されていくとともにわれわれの美の世界の積極的な要素に次々と変形されていく。しかし、こうした一般論で〈アテネ・フランセ〉の特質を説明したことにはならないであろう。

　その魅力はいったいどこからくるのか。できる限り具体的に、それを考えて分析して、この得体の知れぬ作品の魅力のよってくる要因をつきとめること、そして幾つかの要素や原理に還元してみることもまた必要であろう。私の批評の主眼点もここになければならないであろう。

　そこでまず、私は、私がこの建物から最初に受けた印象や、またそれが呼び起こしたイメージや観念などについて、その後の反省と分析を加味しつつ叙述してみることにしよう。私は水道橋の駅から国電の線路沿いに坂を上っていった。すると、しばらくしてそれらしい異様な紫の塊りが全景を現してきた。やがて私はその全体像を歩きながら知覚できた。そしてある物への連想に私の意識は走っていたように思った。辺りのごくありふれた建物などは次第に私の意識からはうすれていくようだった。異様な形態と不快な色彩と拡がり重なるように、あるイメージが動いた。私の意識は、はるかに歴史を逆行していくかに感じられた。突然、見覚えのある動物画が浮かび上がってきた。私はこれだと思った。人類がまだ狩猟生活を営んでいたころの、いわゆるプリミティーブ・アートのある種の動物画であった。それには不思議な生動感があり、見事な緊張のなかに聖霊が宿るかに感じられるのであった。〈アテネ・フランセ〉の全体像から受けたこうした生

動感は、しかし、私が歩いていたせいかもしれないと後になって反省し、この文章を書く前に小山孝君の撮影した全景や上部シルエットの写真[*2]を凝視していたら、かすかにこの物体が動いた、と私は感じた。しかし、その動きは鈍くゆるやかで、あの原始の動物画にみられるほど鋭い緊張ではないことがわかってきた。すでに人類が農耕文化を築きつつあった頃の土偶などにみられる生命感、あどけなく、また不安でどことなく懐疑的な面持ちをしたあれであった、と訂正したほうがよいと思った。これが最初の印象のごく大まかな分析である。

　次に、いよいよこの建物は接近してきた。建築構成体の各部各要素が次第にそれぞれ個別に知覚されてくる。テクスチャーも色も明瞭になってくる。一瞬不快な紫とピンクの色が気になったが、それよりも私は各部各要素の奇妙なしぐさに魅せられていくのをおぼえた。それらが、どことなくあの素朴な民族舞踊の手先・指先の動きにも似た表情をもって迫ってくるのだった。階段室の上部、屋上のパラペット、ダクト、さらに玄関入口の庇などに眼がひきつけられていった後、ATÉNÉE FRANCAISのスペルの一字一字が規則的に散りばめられた淡いピンクの壁面を意識して見たのだが、これらの文字型の孔が階段室の正方形の採光用の小孔とともに建物の装飾として効果的であること

に気づいた。先に述べたように、この建物に流れている生動感、これが正しいとすれば、その直接の要因は、これら構成体の各部各要素の形態からくるものであろう。そういう眼で見直してみると、紫とピンクもこの建物の形態からいってさほど不釣合いなものでもなく、かえって彫塑的効果があると同時に、鈍い生動感とそしてやや懐疑的な表情に力をそえているように思えてきた。しかし、ここに反省してみなければならないことは、これらの構成体の部分要素が、もしてんでんばらばら勝手に踊っているとしたら、もしもそれらの踊りに何の脈絡もないとしたら、という想定である。その場合には、おそらく、この建物が私に感じさせたあの一種の生動感は崩壊していたのではなかろうかということだ。しかし、実際この建物には不思議なハーモニーがある。それはどこから来るのか、何によって創り出されたものなのであろうか。第一に挙げられるのは、コンクリートの大きな粗面による統一であろう。つまりテクスチャーの統一だ。第二に、それはあくまで面の構成、しかも奥行のある立体的な組織化があることだ。バックの基調に紫が選ばれ、その前面にピンクの面が大小のアクセントをもって配置され、この建物の立体感を誇張している。そこには厳密な構成原理が働いているのだ。もっと些細なところまで観察の眼をくばっていく。たとえば階段室の外壁を

見てみよう。ちょうど踊り場の床面に対応するところに水平の横目地が刻みこまれている。さらにバックの主要壁画に眼を転じてみると、廊下の採光窓や換気孔が一定の比例をもって水平方向にリズミカルに配されている。ここでも各階の床スラブに対応する水平の横目地が通っている。そこで私は、第三に、このような水平構成のきわめて合理的な秩序づけを挙げておかねばならないだろう。階段室の最上階の傾いた窓、その屋根の道路側に傾斜する曲面、屋上北端の内側に折れ曲がったパラペットなどの踊りは、いわば基調になっている水平的直線的な面の構成に変化をあたえる有力なモチーフとなっているのだ。通奏低音部の快い流れをバックにしてユーモラスなメロディーが聞えてくるように思えたのも、おそらくこうしたところに根拠があるのだろう。

　以上はこの建物の道路側、つまり北側外観の表現に関する分析であった。立面図をみても、この壁画構成の良さがわかる。しかしこの建物のほんとうの良さは、こうして壁面構成の美を基調にしながら、しかもそれを意識させず、かえって物体が突き出たり、斜めに傾いたり、あるいは曲りくねったりする、いわば身ぶり言語のごときしぐさのおもしろさをごく控え目に出していることであろう。立面図を調べてみるとそれらはごく控え目になされていることに気づく。こうし

たことは、南側壁面についても言えることだ。普通ならば柱と梁の単純な直線的構成になってしまうところだが、吉阪チームはそれを避けるために、あるいは雨仕舞や採光上の機能的解決からだと彼らはいうかもしれないが、ともかく採光壁面をうつむかしたり、あおむけたり、傾斜した庇を添えたりしたりしていて、単調さを破る効果をフルに使いこなしている。私は、こうした斜のモチーフが一定の秩序のなかで自己をほどよく抑制しつつ主張していることの魅力を、作者らのいわゆる「不連続的統一体」という理念の妙味としてはじめて味わうことができた。制作過程ではどうあれ、個別性の強調も不連続の強調も、最終的にはどうしても統一という大きな観念のなかに帰一していくべきものではなかろうかと私は考えた。〈ヴェネチアの日本館〉などを別とすれば、吉阪研究室のこれまでの作品ではどちらかといえば「不連続」な感じが強く、「統一」の観念が稀薄のように思えたが、〈アテネ・フランセ〉ではそれが微妙に釣合い、「不連続的統一」という観念、あるいは方法（独自な方法として確立しているかどうかには疑問があるが）のもっている捨てがたい魅力の一端をうかがわせている。

　最後に私は、読者に対して、この作品とル・コルビュジエの〈スイス学生寮〉しを比較対照してみることをおすすめしたい。私は〈アテネ・フランセ〉のプランを睨んでいたとき、それを憶い出した。どこか共通点を感じたのであろうと思う。確かに類似点があるのだ。私は、ここで吉阪研究室のネタが〈スイス学生寮〉であったなどと主張しているのでないことを断っておきたい。そうでなくて、類似点が実はすべて相違点になっていることを感じたからにほかならない。なぜなら、たとえ〈アテネ・フランセ〉のような敷地でなくても、各室を長軸に沿って並列したプランの場合、階段室をそれらと同様に並列するか、または「スイス学生寮」のようにそれらから分離してとび出させるか、方法は二つに一つで、いずれかをえらばねばならないからである。いずれにせよ、こうした解決法にはたくさんの実例があるのだ。私が言いたいのは表現上の差異にある。その際もちろん、敷地の条件や建物の性格が大きくちがうことは考慮に入れなければならないであろうけれども、いまは、それを捨象して考えてもよいと思う。〈スイス学生寮〉のプランを見ていると、何か翼をひろげて飛翔する鳥を思わせるのびのびとしてすばらしい運動感が感じられる。外部表現を見ても、石積の粗面と平滑な曲面がダイナミックな表現にあふれており、入口ホールのヴォリュームと空間の造形のすばらしさが外に向かってひろがり出ているといった感じだ。〈アテネ・フランセ〉のプランは非常にコンパクトに凝縮して丸まり、力は内に向ってい

る。内側へと丸まっていくという吉阪研究室の傾向は、液体の表面張力のごとき形成力であって、〈アテネ・フランセ〉に限らず、〈日仏会館〉のプランや外観を見ても気づくことである。こうした点について、私はもっと詳細に論じてみたかったが、それはいつかまたの機会にすることにして、あとは読者の分析にお任せしたいと思う。ただここで蛇足ながら、付け加えたいのは、ほんとうに建築を理解するためには、また自分の個性的な様式を創り出していくためにも、こうした微細な造形上の特質を見逃してはならないということである。こうしたところにこそ、実はこんにちの建築論が見おとしている作家の気質、ほんとうに血肉化した思想の表現を見出し得るものなのだ。内部空間にふれなかったのは特に他意あってのことでなく、全く紙数の関係で断念してしまったのであるが一つだけ言及しておこう。平面を見ても理解し得ることだが、北側を閉鎖的な壁としているためにやや薄暗い階段や廊下から南に向って明るく開放した空間組織の心理効果はなかなか見事なものであると思う。

「不連続における成功と失敗」より『建築』1962年 6月
『平良敬一建築論集 機能主義を超えるもの』2017年再録

note
*1　現在のJR
*2　小山孝（1933 ～ 2010）建築写真家

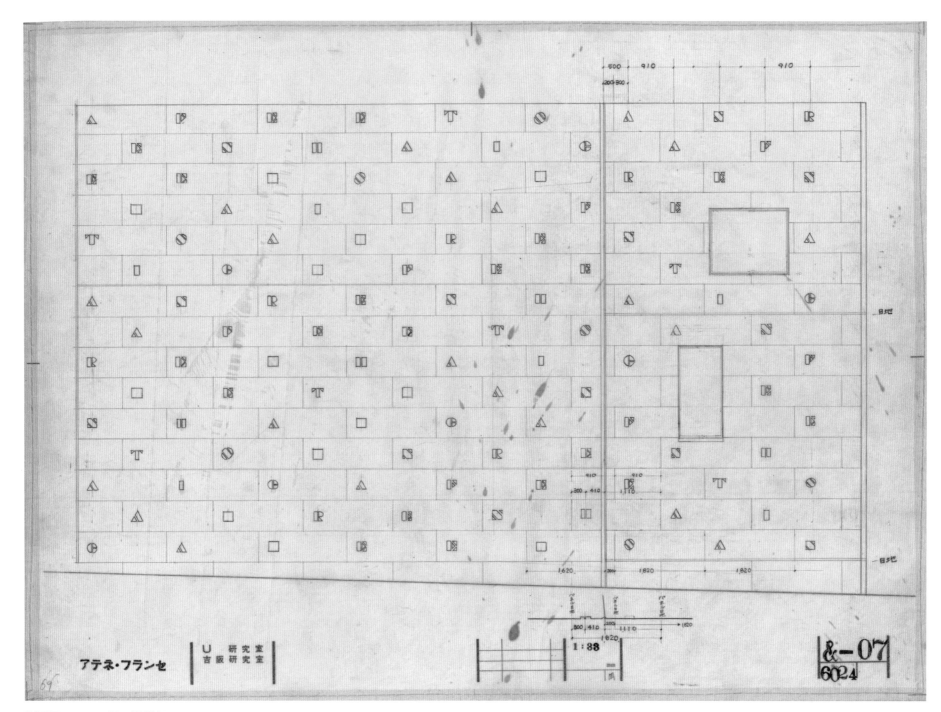

北立面図　レリーフ、パネル割付詳細

1:33 ｜ - ｜岡村昇｜トレーシングペーパー・鉛筆・インク｜A2［405×553］｜44%

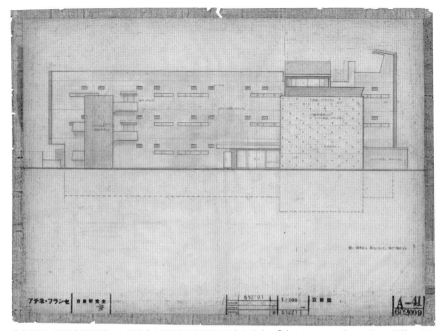

北立面図 **1962年竣工時** 1:100 | 1961年12月27日 | 大竹十一* | トレーシングペーパー・鉛筆・インク | A2［397 × 549］| 20%

階段室エスキス － | － | 大竹十一* | トレーシングペーパー・鉛筆・色鉛筆 | A3［293 × 422］| 28%

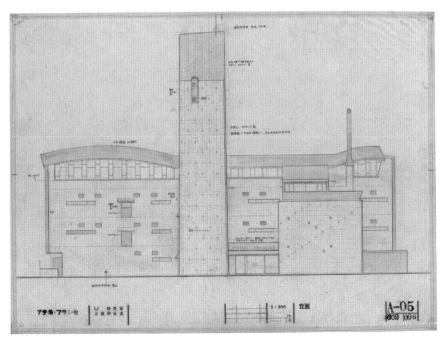

北立面図 **1970年増築後** 1:100 | 1969年6月28日 | 大竹十一 | トレーシングペーパー・鉛筆・インク | A2［402 × 551］| 21%

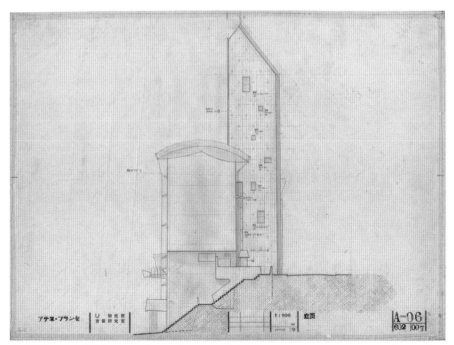

東立面図 **1970年増築後** 1:100 | 1969年6月28日 | 大竹十一 | トレーシングペーパー・鉛筆・色鉛筆・インク | A2［404 × 552］| 22%

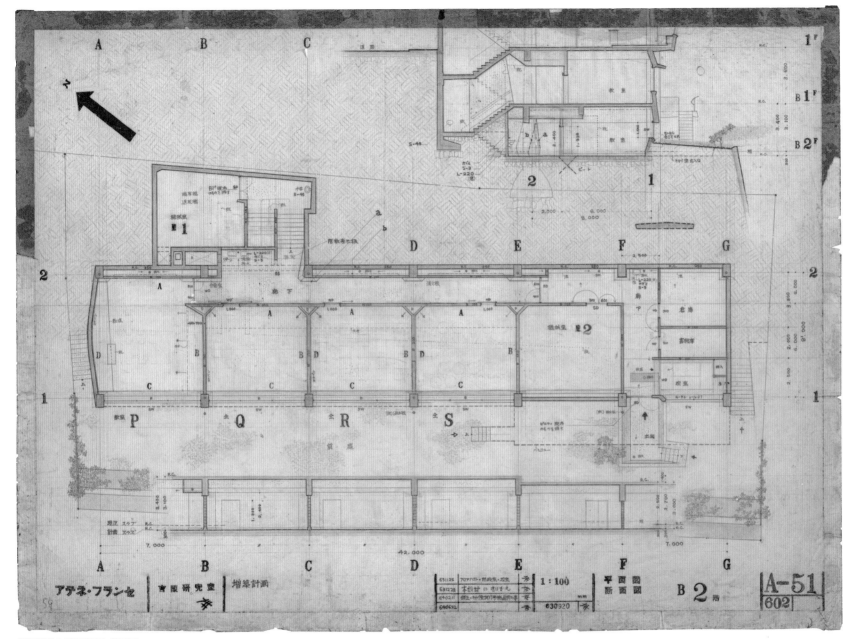

増築計画 B2階平面図、断面図
1:100 ｜ 1963年9月20日 ｜ 大竹十一 ｜ トレーシングペーパー・鉛筆・色鉛筆・インク ｜ A2［402×551］｜ 41%

▶右頁 風見1 詳細図
1:1、5、20 ｜ 1970年3月20日 ｜ 樋口裕康 ｜ ト
レーシングペーパー・鉛筆・色鉛筆・インク ｜
A2［399×552］｜ 54%

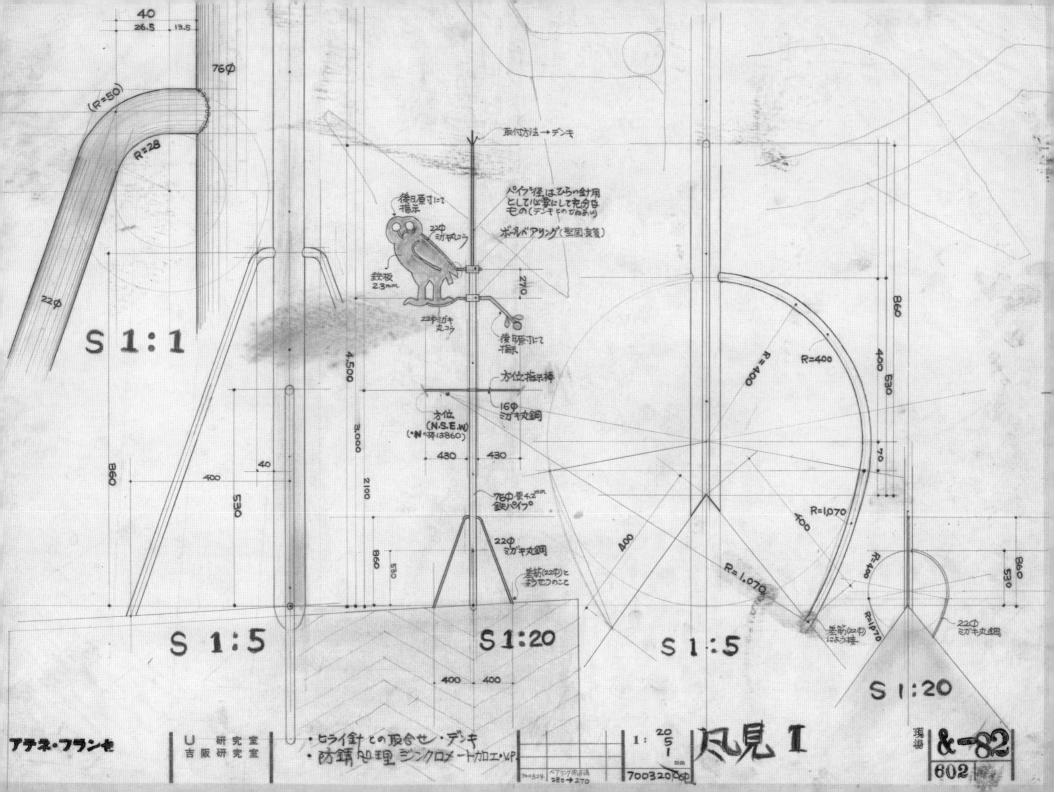

アテネ・フランセ校舎

竣工時、水道橋からお茶の水への坂道には、右にアテネ・フランセ、左奥に日仏会館、まわりには木造二階建ての住宅が立ち並んでいた**

「不連続的統一体」と「愛」

　水道橋からお茶の水へと坂を上がっていくと、右側にアテネ・フランセ校舎の紫の塔と鮮やかなピンクの外壁が目を惹く。竣工後半世紀を超えて、何と現在は「インスタ映え」する撮影スポットとして人気の場所になっているという。1962年の竣工当時のお茶の水周辺は、まだ木造の住宅も多く、坂の左側には〈日仏会館〉を望むことができた。そこに出現した紫とピンクに仕上げられた校舎は、大きな衝撃を与えた。

　吉阪隆正は設計者のことばとして、「**自分らの設計の根底にある流れは何だろうと考えてみると、2つの傾向に集約できそうだと今は考えている。その1つは「不連続的統一体」**と学生たちが命名したもの。もうひとつは「**愛は対象を得て大胆に行動する」**とでも表現できようか。」と記している。[*1]

　前者「不連続的統一体」は、「**個人の尊重であったり、民主主義であったりする。それはプランの上でも、デザインの上でも、あるいは予算の配分の上でも、誰かを、どこかの犠牲の上に一方だけよくするということのないようにしたいという気持ちに発する**」。社会のしくみの提案として大きな核をなす吉阪思想である。ピラミッド型の意思伝達組織を、それぞれ自立した個人が自分で考え判断して行動する社会ネットワークへと改

変する提案である。吉阪の組織論であり、設計論であり、造形論でもある。

　後者は「**恋愛と同じように、対象の人を獲得するためにはどんな犠牲でさえあえて行おうという気持ちになり、それが得られないなら死んでしまう方がと思いつめる。この建物が生きるか死ぬかはこの点の解決にあると思い定めた時、私たちはどうしてもそれをなさずにはいられない衝動にかられているらしい。途中でどんな人びとが誹謗しようとも、これを死守しようとする**」。[*1]

　敷地条件も経済的条件も厳しい中で設計が進められたというアテネ・フランセ校舎では、発注者と施工者の信頼関係、崖地の地形、シンボルと触覚的ディテール、つくり続ける時間など、吉阪建築の特質がギュッと凝縮して詰まっている。

三者一体

　アテネ・フランセは1913年（大正2）東京帝国大学講師ジョゼフ・コットが、東京・神田の東京外国語学校（現東京外国語大学）内でフランス文学の講義を始めた、わが国でもっとも古い外国語教育専門の学校である。語学教育とフランス文化の紹介、普及に貢献した。多くの文学者、芸術家が学んでいる。吉阪も初代校長のジョゼフ・コットに学び、二代目校長の松本悦治とは、パリ留学仲間でもあった。

　日本建築学会作品賞を受賞し、「**ひとつのよい建物ができるときにはほとんど例外なく、深い理解を持った注文主があり、その意図をよく体して創作意欲に燃えて設計ができ、感激を持って工事をやってくれる人々があって、その三者が一体となっているようだ**」と寄稿した。[*2]構造設計は松井源吾、設備は井上宇市、施工は戸田建設。この時期までは、サッシなども部分的な工夫はかなり自由にオーダーすることができて、工業製品の製作の可能性がどんどん広がる気分だったと、吉阪のパートナーであった大竹十一は語っている。

地形を活かす

　お茶の水の崖に建つアテネ・フランセは、道路側からは地上4階建て、8階の塔、地下は3階まで増築をした。彫塑的な道路側と開放的にリズムを刻む崖側では全く違った表情をみせる。傾斜地を積極的に活用して建てている建築は、ほかに、〈海星学園〉〈日仏会館〉〈樋口邸〉、そして起伏のある地形を活かしながら、造成することなく建物の計画をしたのが八王子の〈大学

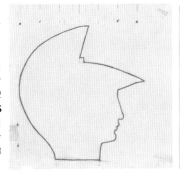
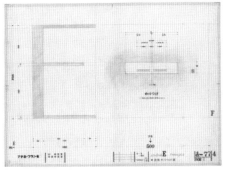
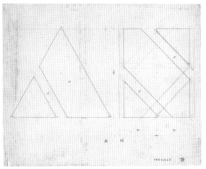
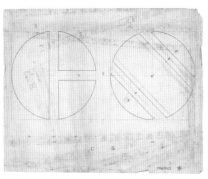

[左から] **レリーフ原寸図** 1:1｜
-｜-｜トレーシングペーパー・
鉛筆｜A4変型 [212×216]｜
21%／**全体割付図　E詳細図、
原寸図** 1:1,50｜1970年3月
10日｜大竹十一｜トレーシン
グペーパー・鉛筆・インク｜A2
[404×552]｜11%／**AN、CS
原寸図** 1:1｜1961年10月
23日｜大竹十一｜トレーシン
グペーパー・鉛筆・色鉛筆｜A3
[337×421]｜13%

セミナー・ハウス〉。計画案に、長崎の〈南山小学校〉
がある。

　平坦な敷地に計画するよりも、崖地や傾斜地に積極
的に魅力を感じるのは、登山家である吉阪と山好きが
集まったアトリエU研究室の大きな特徴である。地形
を読みながら、地形を活かす設計手法が独特の形につ
ながっていく。むしろ、土地を平坦に造成して建築す
る常識を見直し、傾斜地を設計に活かし、人工土地を
提案した。

シンボルと肌に近い触覚的なディール

　外壁のテクスチャーをつくりだすレリーフと色は、
アテネ・フランセのシンボルともいえる。「**この壁は
アテネ・フランセの壁ですよ**」[*3]とマークすることが大
切だと吉阪は語る。厳しい予算の中、コンクリートの
型枠を使い回し、外壁は塗装で仕上げることに決め
た。そこに、レリーフと色の発想が生まれていく。

　アテネ・フランセの設計が始まったのが1960年。
その年、吉阪は北米大陸横断、マッキンレー登頂。翌
61年から1年間、アルゼンチン国立ツクマン大学に教
鞭をとるために滞在。ほかの建築の設計と同様、ここ
でも吉阪は最初のスタートと、最後の仕上げ段階だけ

を見ることになる。最終の色決めでは、アルゼンチン
から「アンデスの夕陽が映える色がいい」と手紙が来
たと、鈴木 恂は振り返る。紫から茜までいくつもの
色を選んでやり取りをした。「自然の色を建築に持っ
てくる感覚はすごい」と、滝沢健児は振り返る、「心
配だった、紫もピンクも光と影で変わる難しい色だっ
たね」と。内部の廊下や壁もオレンジやグリーンの鮮
やかな色で塗り分けている。階段や塔の手摺、建具の
押手も原寸で検討したディテールは手触りのある、身
体の記憶に残る形である。また、塔の上のフクロウの
風見を担当したのは樋口裕康だ。

つくり続け、使い続ける、建築の生きる時間

　1952年に、フランス留学から帰国した吉阪にとっ
て、アテネ・フランセ校舎が完成した1962年は、10
年目の節目の仕事であった。

　竣工してから1981年までの約20年の間に、9期に及
ぶ増改築工事を実施し、第1期工事のRC造地下1階地
上3階の校舎は、3階部分に鉄骨造の講堂を、RC造の
塔と地下への増築を行い、限られた敷地のなかで、メ
ンテナンスをしながら必要な機能を満たし、第9期
1981年には外装全面点検修復、化粧再生工事を実

施。その後も、エントランスホール、学生ホールのカ
フェの改装などを行い、2010年には耐震補強工事を実
施した。

　同じお茶の水に建つ〈日仏会館〉が1995年に解体
され、〈呉羽中学校〉も2005年に建て替えられた。老
朽化という名目で建て替えが行われていくが、実際は
土地活用や補助金など、経済的理由で解体されていく
のが現実である。公共性のたかい建物ほど、寿命が短
く、同時期に建てられた、個人の住居や民間の施設が
きちんと手を入れて使われている現実に、わが国の公
共性の矛盾が見えてくる。「**つくりつつ、つくられてゆ
くという螺旋的な過程**」[*4]で、建物もまちも時間をかけ
て少しずつ、必要な要素を発見しながらつくり、使い
続けていくというのが、吉阪の建築論であり都市論で
あった。

齊藤祐子

『建築雑誌』20121031初稿　2021年加筆修正

note
*1 『建築』1962年6月
*2 『アテネ』1963年6月号
*3 『吉阪隆正対談集 住民時代——君は21世紀に何をしてい
　るか』新建築社 1979年
*4 「建築の　生と建築計画」『吉阪隆正集 7』1986年

写真クレジット

北田英治　　　以下をのぞく全ての写真

村井 修　　　P.18

アルキテクト事務局　提供＊＊：P. 09、23、28、29、32、33、48、50、51、62
　　　　　　　写真修復：北田英治

資料提供＊＊＊

江津市役所　　　　　　　　　P. 09
早稲田大学 建築学研究室 本庄アーカイブス　P. 08

Takamasa Yosizaka＋Atelier U　｜　A leaf becomes an umbrella: Public place

吉阪隆正＋U研究室　｜　葉っぱは傘に——公共の場所

2021年6月5日　初版第1刷発行

編著　　　齊藤祐子

写真　　　北田英治

企画・編集　Echelle-1（下田泰也＋鈴木真理子）

編集協力　茶木真理子、Echelle-1（瀬脇武＋松田幸美）

デザイン　日向麻梨子（オフィスヒューガ）

発行人　　馬場栄一

発行所　　株式会社建築資料研究社
　　　　　〒171-0014 東京都豊島区池袋 2-10-7 ビルディングK6F
　　　　　TEL 03-3986-3239

印刷・製本　株式会社埼京印刷

参考図書

・『吉阪隆正集 7巻 建築の発想』勁草書房 1986年
・『ある学校』相模書房 1960年
・『建築』青銅社 1961年5月号、1962年6月号
・『光みつる藤が丘 富山市立呉羽中学校50年史』富山県立呉羽中
　学校 1997年
・『平良敬一建築論集 機能主義を超えるもの』風土社 2017年
・〈DISCONT LIVE江津2021 吉阪隆正＋U研究室 展〉アルキ
　テクト事務局 2021年3月
・『大学セミナー・ハウス』建築資料研究社 2016年
・『ヴェネチア・ビエンナーレ日本館』建築資料研究社 2017年
・『実験住居』建築資料研究社 2019年
・『建築文化 吉阪隆正 1917-1981』彰国社 1981年6月号
・『乾燥なめくじ・生い立ちの記』相模書房 1982年
・『吉阪隆正の方法』齊藤祐子著 住まいの図書館出版局 1994年
・『DISCONT 不連続統一体』丸善 1998年
・『吉阪隆正の迷宮』2004 吉阪隆正展実行委員会編 TOTO出
　版 2005年
・『好きなことはやらずにはいられない——吉阪隆正との対話』建
　築技術 2015年

プロフィール

吉阪隆正（よしざか たかまさ 1917～1980）
1917年 東京都小石川に生まれ、スイスで幼年時代の教育を受けて育つ
1933年 ジュネーブ・エコール・アンテルナショナル卒業。
1941年 早稲田大学建築学科卒業。今和次郎に師事し、民家、農村の調査、住居学から「生活とかたち——有形学」を提唱
1950年から2年間パリのル・コルビュジエのアトリエに学び、帰国後54年 吉阪研究室（64年にU研究室と改組）を創設
早稲田大学理工学部教授、日本建築学会長、生活学会長、日本山岳会理事など
1980年 63歳で逝去
建築家にととまらない活動は、教育者、探検家、ヒマラヤK2をめざす登山家、文明批評家として多数の著書を著す

大竹十一（おおたけ じゅういち 1921～2005）
1921年 宮城県に生まれ、1925年から浜松で育つ
1944年 早稲田大学建築学科卒業後、佐藤聯合設計事務所、梓建築事務所に勤務
1952年に大学に戻り、武基雄の研究室で設計を手伝う
1954年に浦邸で吉阪と協働し、滝沢健児、城内彦彦、松崎義徳らと共に吉阪研究室（64年にU研究室に改設）を設立。創設メンバーとして、実作に大きな貢献を果たした。生涯、吉阪の名パートナーであり続けた

鈴木 恂（すずき まこと）
1935年 北海道生まれ、1959年早稲田大学理工学部建築学科卒業
1959～62年 同大学院吉阪隆正研究室においてレオポルドビル文化センターコンペ・日仏会館・吉阪家の墓・江津市庁舎などの計画・設計実務に参加
1964年 鈴木恂建築研究所設立、1980年より早稲田大学教授、2001～04年 早稲田大学芸術学校校長
作品はGAギャラリー、スタジオ・エビス、早稲田大学理工総合研究センターほか、著書『メキシコスケッチ』『光の街路』『回廊』『天幕』ほか

平良敬一（たいら けいいち 1926～2020）
1926年 沖縄県、宮古島生まれ。編集者、建築ジャーナリスト。
1946年 東京大学第一工学部建築学科卒業後、新日本建築家集団（NAU）事務局に参加。
1950年『国際建築』、『新建築』を経て、1959年『建築知識』、60年『建築』、65年『SD』、68年『都市住宅』の創刊に携わる。
1974年に建築思潮研究所を設立。『住宅建築』『造景』を創刊、初代編集長を務めた。1999年より「神楽坂建築塾」初代塾長として活動を牽引した。
著書に『「場所」の復権——都市と建築への視座』『平良敬一建築論集 機能主義を超えるもの』など

北田英治（きただ えいじ）
1950年 鳥取県生まれ、神奈川県川崎市で育つ
1970年 東京写真短期大学（現東京工芸大学）技術科卒業
建築雑誌等を活動の場としながら、1980年代から東アジアの都市やタイ北部の山岳移動少数民族、そしてチベット高原へと人の暮らしの場所を訪ねてきた。
書籍に『サレジオ』『ル・コルビュジエのインド』『別冊太陽・世界遺産石見銀山』『ベーハ小屋』『DISCONT:不連続統一体』『吉阪隆正の迷宮』『象設計集団:空間に恋して』など。写真展「精霊の杜・アカ族の——いとなみ」「フォトインベントリー・東アジア」「エッジを歩く・東チベット紀行」など多数。夏目坂写真塾塾長、「ぐるぐるつくる大学セミナー・ハウス WORK CAMP」実行委員、「甲馬サロン」実行委員。

齊藤祐子（さいとう ゆうこ）
1954年 埼玉県生まれ
77年早稲田大学理工学部建築学科卒業。77～84年 U研究室にて、青森県目時農村公園、大学セミナー・ハウス国際セミナー館屋根の絵、農村公園などを担当。
1977年 早稲田大学理工学部建築学科卒業後、U研究室入室、〈大学セミナー・ハウス、国際セミナー館〉屋根の絵などを担当する
1984年 七月工房、1989年 空間工房101を共同で設立
1995年 サイト 一級建築士事務所代表
住居を原点に設計活動を続けている。作品に益子・塵庵、グループホームあおぞら、東中野PAO、大学セミナー・ハウス やまゆりほか住宅多数。東チベット高原の小学校建設の活動など。著書に『吉阪隆正の方法・浦邸1956』『建築のしくみ』『集まって住む終の住処』ほか。「ぐるぐるつくる大学セミナー・ハウス」実行委員、「アルキテクト」事務局として、吉阪隆正の関連書籍の編集、展覧会の企画協力などの活動をおこなう。

アルキテクト事務局／吉阪隆正＋U研究室 アーカイブ
サイト 一級建築士事務所内
東京都中野区東中野 2-25-6-701 〒164-0003
TEL、FAX：03-3371-2433　http://aasite.web9.jp/